한 권으로 마스터하는 취업 합격 전략

시원스쿨
취업영어

실전 영작

시원스쿨LAB

시원스쿨 취업영어
실전 영작

초판 1쇄 발행 2024년 9월 30일

지은이 시원스쿨어학연구소
펴낸곳 (주)에스제이더블유인터내셔널
펴낸이 양홍걸 이시원

홈페이지 www.siwonschool.com
주소 서울시 영등포구 영신로 166 시원스쿨
교재 구입 문의 02)2014-8151
고객센터 02)6409-0878

ISBN 979-11-6150-895-5 13740
Number 1-110802-18181800-09

영작 학습

이력서, 커버레터에 자주 쓰이는 다양한
문장 학습하기

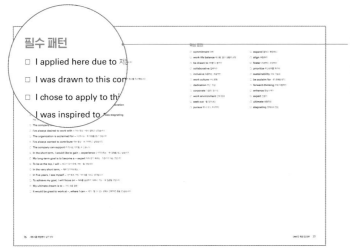

필수 패턴

자주 쓰이는 문장을 기반으로 한
패턴 학습하기

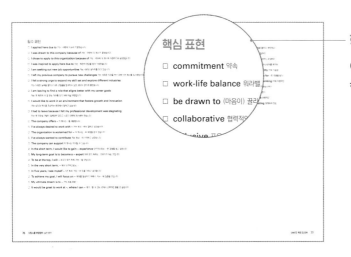

핵심 표현

이력서, 커버레터 영작에 필요한
핵심 어휘 학습하기

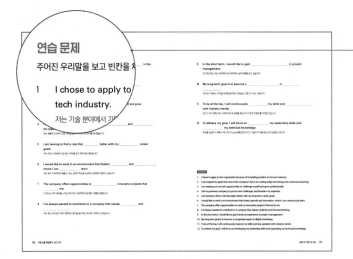

연습 문제

앞서 배운 내용을 바탕으로 영어 문장의
빈칸을 채워보고, 주어진 한글 문장을
영문으로 바꿔 보는 연습해 보기

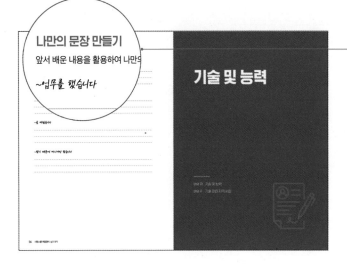

나만의 문장 만들기

내 이력서, 커버레터에 쓸 문장 만들어 보기

저자 직강 유료 온라인 강의

시원스쿨 취업영어 도서 시리즈: 면접 표현, 이슈 표현, 실전 영작 학습을 위해 저자 직강 온라인 강의를 제공합니다.
자세한 정보는 시원스쿨LAB 사이트를 확인해 주세요.
lab.siwonschool.com

책의 구성

이력서,
커버레터 작성

Unit 1   영문 이력서, 커버레터 작성하기

영문 이력서, 커버레터 작성

이력서

한글 이력서는 주로 전통적인 양식에 따라 작성되며, 개인정보와 사진을 포함하는 것이 일반적입니다. 반면, 영문 이력서는 더 자유로운 형식으로 작성되며, 간결하고 명확한 표현을 중요시합니다. 특히, 개인정보와 사진을 포함하지 않는 것이 보통입니다. 영문 이력서에서는 경력과 성과를 구체적인 데이터로 표현하는 것이 핵심입니다. 이를 통해 지원자의 능력을 효과적으로 전달할 수 있습니다.

국문 이력서

RESUME | 이력서

아래에 기재한 사항은 사실과 다름없습니다.

사 진 (3cm x 4cm)	이 름 :		성 별 :
	생년월일 :		이메일 :
	전화번호 :		핸드폰 :
	주 소 :		

학 력 사 항

졸 업 년 월	학 교 명	지 역 / 전 공 분 야

경 력 사 항

기 간	근 무 처	직 위	업 무 내 용

보 유 기 술 / 자 격 증

취 득 년 월 일	자 격 / 면 허 증	시 행 처

1 | 2

영문 이력서

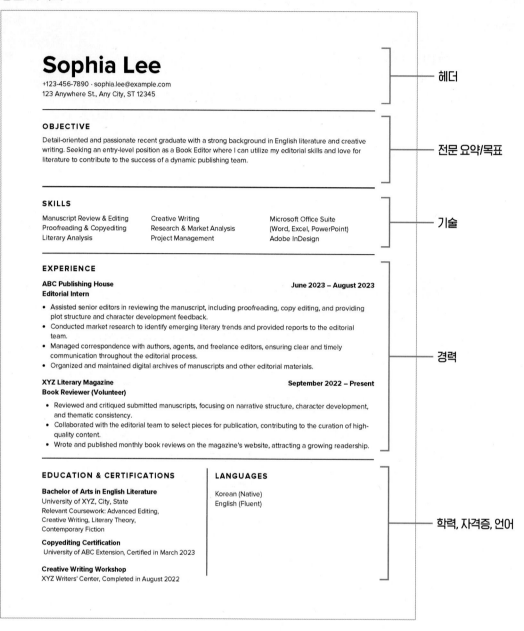

Sophia Lee

+123-456-7890 · sophia.lee@example.com
123 Anywhere St., Any City, ST 12345

헤더

OBJECTIVE

Detail-oriented and passionate recent graduate with a strong background in English literature and creative writing. Seeking an entry-level position as a Book Editor where I can utilize my editorial skills and love for literature to contribute to the success of a dynamic publishing team.

전문 요약/목표

SKILLS

Manuscript Review & Editing	Creative Writing	Microsoft Office Suite
Proofreading & Copyediting	Research & Market Analysis	(Word, Excel, PowerPoint)
Literary Analysis	Project Management	Adobe InDesign

기술

EXPERIENCE

ABC Publishing House — **June 2023 – August 2023**
Editorial Intern

- Assisted senior editors in reviewing the manuscript, including proofreading, copy editing, and providing plot structure and character development feedback.
- Conducted market research to identify emerging literary trends and provided reports to the editorial team.
- Managed correspondence with authors, agents, and freelance editors, ensuring clear and timely communication throughout the editorial process.
- Organized and maintained digital archives of manuscripts and other editorial materials.

XYZ Literary Magazine — **September 2022 – Present**
Book Reviewer (Volunteer)

- Reviewed and critiqued submitted manuscripts, focusing on narrative structure, character development, and thematic consistency.
- Collaborated with the editorial team to select pieces for publication, contributing to the curation of high-quality content.
- Wrote and published monthly book reviews on the magazine's website, attracting a growing readership.

경력

EDUCATION & CERTIFICATIONS

Bachelor of Arts in English Literature
University of XYZ, City, State
Relevant Coursework: Advanced Editing, Creative Writing, Literary Theory, Contemporary Fiction

Copyediting Certification
University of ABC Extension, Certified in March 2023

Creative Writing Workshop
XYZ Writers' Center, Completed in August 2022

LANGUAGES

Korean (Native)
English (Fluent)

학력, 자격증, 언어

국문 이력서 vs. 영문 이력서

항목	국문 이력서	영문 이력서
형식 및 구조	• 정해진 양식 사용하는 경우가 많음 • 사진, 주소, 생년월일 등 개인 신상 정보를 포함하는 것이 일반적임 • 경력 사항은 연대순으로 정리 • 지원 동기나 자기소개서 함께 제출하는 경우 많음	• 자유로운 양식 허용, 개인의 창의성과 직무에 맞게 알맞은 형식을 사용하는 것이 중요 • 개인 정보를 포함하지 않는 것이 일반적임 • 경력 사항은 최근 경력부터 정리함
표현	• 격식 있고 공손한 표현 사용 • 문장 구조가 종종 길고 복잡해질 수 있음 • 직무에 대한 깊이 있는 설명 강조	• 간결하고 직설적인 표현 선호 • 문장은 짧고 명확해야 하며, 불필요하고 장황한 설명은 피해야 함 • 성과와 결과 중심의 언어 사용, 숫자와 데이터로 구체적인 성과를 표현하는 것이 중요
경력 및 교육 사항	• 회사명, 직책, 업무 기간 등을 연대순으로 기술 • 직무에 대한 설명이 길고 자세할 수 있음 • 고등학교부터 모든 학력 포함	• 회사명, 직책, 업무 기간 외에도 주요 성과를 간략하고 핵심적으로 기술해야 함 • 직무와 관련된 중요한 내용만 포함 • 고등학교 학력은 포함하지 않는 경우가 많음
자기 소개서 및 추천서	• 대부분의 기업이 별도의 자기소개서를 요구하며 이를 통해 지원자의 성격, 가치관, 직무 적합성 평가 • 자기소개서 분량은 보통 2페이지 이상 분량 작성 • 추천서가 필수인 경우는 드물지만 필요한 곳도 있음	• Objective가 자기소개서 역할을 어느 정도 대신하며, 이력서 자체에 포함 • 추천서(Reference)는 종종 필수로 요구되며, 이력서 끝에 'Available upon request'라는 문구로 대신할 수 있음
기타	• 사진 첨부가 일반적임	• 사진 첨부하지 않음

국문 이력서 vs. 영문 이력서

헤더	• 이력서의 가장 상단에 위치, 지원자의 기본 정보 포함 • 이력서의 첫 부분에 이름을 크게, 굵게 적기, 이름은 영어로 표기 • 연락처 정보 명확히 기재, 국제 전화를 염두에 두고 국가 코드를 포함하여 작성 • 주소는 도시와 국가만 기재하지만 필요시 전체 주소 작성
전문 요약/목표	• 지원자의 강점과 목표 간략히 소개 • 경험자는 직무 경험과 강점을 2-3문장으로 요약하고, 직무에 맞춘 내용을 포함해야 함 • 신입 지원자는 직무 목표와 이를 통해 달성하고자 하는 바를 명확하게 작성 • 이력서 전체의 첫인상을 결정질 수 있는 항목이니 최대한 간결하고 강력하게 작성하는 것이 좋음
기술	• 지원자가 보유한 직무 관련 기술 나열 • 이력서에 기재한 기술이 실제 직무와 관련 있는지 확인, 회사에서 요구하는 기술이 있다면 이를 반영하는 것이 좋음
경력	• 지원자가 이전에 수행했던 업무와 성과를 기술 • 경력의 업무 내용 및 성과는 이력서의 핵심 부분으로 글머리 기호를 사용하여 주요 업무와 성과를 간결하고 구체적으로 나열하는 것이 좋음 • 상황, 과제, 행동, 결과로 각 성과를 구체적으로 기술하면 효과적임
학력, 자격증, 수상 내역	• 학력 사항 및 취득한 자격증, 수상 내역 기재 • 직무와 관련된 과목이나 프로젝트가 있다면 간략히 기재하여 지원하는 직무와의 연관성을 높이는 것이 좋음 • 최근 졸업자라면 경력 항목 위에 배치할 수 있음 • 직무와 관련된 자격증이 있다면 반드시 포함하지만 직무와 무관한 자격증은 생략하는 것이 좋음 • 수상 경력이 있다면 기재하지만 모든 수상 내역을 나열하기 보다는 직무에 도움되는 상만 선택적으로 기재하는 것이 좋음
언어	• 구사 가능한 언어와 능숙도를 나타냄 • 다국적 기업에 지원할 경우 영어 외에도 구사 가능한 언어가 있다면 반드시 포함
추천인, 선택사항	• 추천인을 제공할 의사가 있음을 나타내는 항목 • 직접적인 추천인 정보를 포함하는 대신, 요청 시 제공하겠다는 문구를 적는 것이 일반적임 (Available upon request)

커버 레터

커버레터(Cover Letter)는 영문 이력서를 보완하는 중요한 문서로, 지원자가 해당 직무에 왜 적합한지, 그리고 왜 그 회사에서 일하고 싶은지를 구체적으로 설명하는 역할을 합니다. 커버레터는 고용주가 지원자를 더 잘 이해하고 평가할 수 있도록 돕습니다. 이 문서를 통해 지원자는 단순히 이력서를 제출하는 것 이상의 노력을 기울였음을 보여주며, 회사에 대한 관심과 열정을 나타낼 수 있습니다. 잘 작성된 커버레터는 지원자의 첫인상을 크게 향상시키고, 고용주가 이력서를 더 세심하게 검토하도록 유도할 수 있습니다.

커버 레터 예시

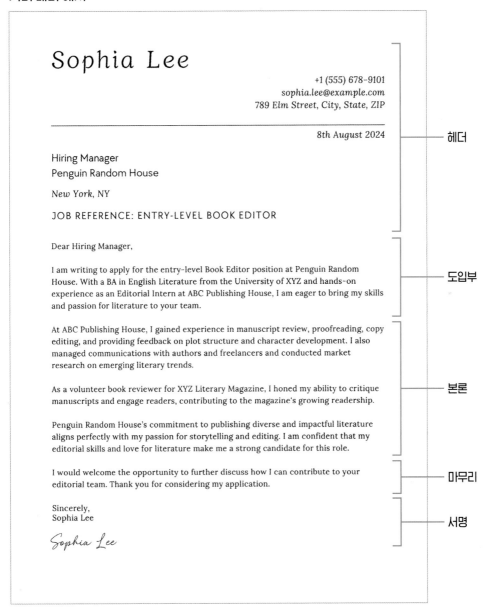

Sophia Lee

+1 (555) 678-9101
sophia.lee@example.com
789 Elm Street, City, State, ZIP

8th August 2024 ── 헤더

Hiring Manager
Penguin Random House

New York, NY

JOB REFERENCE: ENTRY-LEVEL BOOK EDITOR

Dear Hiring Manager,

I am writing to apply for the entry-level Book Editor position at Penguin Random House. With a BA in English Literature from the University of XYZ and hands-on experience as an Editorial Intern at ABC Publishing House, I am eager to bring my skills and passion for literature to your team. ── 도입부

At ABC Publishing House, I gained experience in manuscript review, proofreading, copy editing, and providing feedback on plot structure and character development. I also managed communications with authors and freelancers and conducted market research on emerging literary trends.

As a volunteer book reviewer for XYZ Literary Magazine, I honed my ability to critique manuscripts and engage readers, contributing to the magazine's growing readership. ── 본론

Penguin Random House's commitment to publishing diverse and impactful literature aligns perfectly with my passion for storytelling and editing. I am confident that my editorial skills and love for literature make me a strong candidate for this role.

I would welcome the opportunity to further discuss how I can contribute to your editorial team. Thank you for considering my application. ── 마무리

Sincerely,
Sophia Lee ── 서명

Sophia Lee

커버레터 작성 목적

- 자기 소개 지원자가 누구인지, 어떤 직무에 지원하고 있는지 간단히 소개합니다.

- 관심과 동기 왜 이 회사와 해당 직무에 관심이 있는지, 지원 동기를 설명합니다.

- 핵심 역량 강조, 자신의 경력, 기술, 성과 중에서 직무와 가장 관련성이 높은 것들을 강조합니다.
  이력서의 내용을 보완하면서 구체적인 사례를 들어 설명합니다.

- 기업에 대한 관심 지원하는 회사에 대해 조사한 내용을 바탕으로, 그 회사에서 일하고 싶은 이유를 설명합니다.
  이로 인해 지원자가 회사에 대해 깊이 이해하고 있음을 보여줄 수 있습니다.

- 인터뷰 요청 마지막 부분에서는 인터뷰에 대한 관심을 표현하고, 연락을 기다리겠다는 의사를 밝힙니다.

구성

헤더	• 지원자의 이름, 연락처 정보, 작성 날짜, 수신인의 이름 및 직책, 회사 이름과 주소 포함
도입부	• 지원자 소개, 어떤 직무에 지원하는지, 이 직무에 지원하게 된 이유 간단하게 설명 • 도입부에서 관심을 끌 수 있는 강력한 문장을 작성하는 것이 중요
본론	• 1-2개의 문단으로 구성 • 지원자의 경험, 기술, 성과 중에서 직무와 관련된 내용을 구체적으로 설명 • 이력서에 나와 있는 내용을 바탕으로 해당 직무에 어떻게 기여할 수 있을지를 강조하는 것이 중요
마무리	• 지원 동기와 열정을 다시 한번 강조하고, 면접 기회를 요청하는 문장을 포함 • 맺음말로 감사의 인사를 표하고 연락을 기다리겠다는 의사를 밝히는 문장을 넣는 것이 일반적
서명	• Sincerely, Best regards, 등의 문구로 마무리한 후 지원자의 이름 기재 • 이메일로 지원 시, 디지털 서명을 포함할 수 있음

작성 팁

- 지원하려는 회사와 직무에 맞게 맞춤화 해야 합니다. 동일한 커버레터를 여러 곳에 보내는 것은 피해야 하며, 지원하는 회사의 문화와 직무 요구 사항에 부합하는 내용을 포함해야 합니다.

- 문장이 너무 길거나 복잡하지 않도록 주의합니다. 핵심 내용을 중심으로 간략하고 명확하게 작성하는 것이 좋습니다.

- 긍정적이고 자신감 있는 어조를 유지하면서도 지나치게 자화자찬하지 않도록 균형을 맞추는 것이 중요합니다.

- 철자나 문법 오류가 없는지 반드시 여러 번 검토해야 합니다.

영작문 핵심 문법

Unit 02 문장의 형식

영어 문장은 크게 5가지 형식으로 나누고, 문장의 5형식을 통해 문장의 구성을 익혀 영작의 기초를 다질 수 있습니다.
이력서와 커버레터 작성에서는 3형식과 4형식이 가장 많이 사용됩니다.

문장의 5형식

형식	주어	동사	목적어/보어/수식어구
1형식	The sun 태양이	rises. 떠오른다.	
2형식	The sun 태양은	is ~이다.	bright. 밝은 (태양은 밝다)
3형식	The sun 태양은	warms 따뜻하게 한다.	the earth. 지구를
4형식	The sun 태양은	gives 준다.	us light. 우리에게 빛을
5형식	The sun 태양은	makes 만든다.	the earth warm. 지구를 따뜻하게

• 1형식: 주어 + 동사

주어와 목적어를 필요로 하지 않는 자동사로 이루어진 가장 단순한 문장 구조입니다. '주어+동사' 구조에 부사나 부사구를 덧붙일 수 있습니다.

> **I run** at the park every morning. 저는 매일 아침 공원에서 뜁니다.
> 주어 동사　　　　　　수식어구

• 2형식: 주어 + 동사 + 보어

상태를 설명하는 동사가 주로 사용되며, 주어를 보충 설명하는 보어가 사용됩니다. 2형식에 주로 사용되는 동사에는 be 동사, remain, keep, lie, stand, become, grow, get, seem, appear, look, smell, sound, taste가 있습니다.

> **She became famous.** 그녀는 유명해졌습니다.
> 주어　　동사　　보어

• 3형식: 주어 + 동사 + 목적어

목적어가 필요한 타동사가 사용되며, 목적어 자리에는 명사, 대명사, 명사구, 명사절이 사용될 수 있습니다. 3형식은 문장의 형식 중 가장 많이 사용됩니다.

> **I watched a movie.** 저는 영화를 봤습니다.
> 주어　동사　목적어(명사)
> **I like to watch a movie.** 저는 영화를 보는 것을 좋아합니다.
> 주어 동사　목적어(명사구)
> **I think that the movie is well-made**. 저는 그 영화가 잘 만들어졌다고 생각합니다.
> 주어　동사　　목적어(명사절)

• 4형식: 주어 + 동사 + 간접 목적어 + 직접 목적어

주로 두 개의 목적어를 취할 수 있는 동사들이 사용되며, 간접 목적어에는 주로 사람 명사, 직접 목적어에는 주로 사물 명사를 사용합니다. 4형식에 주로 사용되는 동사에는 give, buy, make, offer, pay, bring, deny, promise, send, show, teach, write 등이 있습니다.

He showed me his photo. 그는 나에게 그의 사진을 보여주었습니다.
주어 　동사 　간접 　직접
　　　　　　목적어 　목적어

• 5형식: 주어 + 동사 + 목적어 + 목적격 보어

목적어의 상태나 성질을 설명하는 타동사가 사용되며, 목적격 보어 자리에는 명사, 형용사, 명사구가 사용될 수 있습니다. 5형식에 주로 사용되는 동사에는 get, find, keep, make, appoint, consider이 있고 사역동사 make, have, let이 있습니다.

She found the book interesting. 그녀는 그 책이 흥미롭다고 생각했습니다.
주어 　동사 　목적어 　　목적격 보어

• 8품사

영어 문장을 구성하는 단어를 여덟 가지 종류로 나눈 것을 8품사라고 합니다.
8품사에는 명사, 대명사, 동사, 형용사, 부사, 전치사, 접속사, 감탄사가 있습니다.

명사	사람, 사물, 장소 등 이름	부사	동사, 형용사, 부사, 문장 전체를 꾸며주는 말
대명사	명사를 대신하는 말	전치사	장소, 시간, 방향 등 추가 정보를 전달할 때 쓰는 말
동사	행동이나 상태를 나타내는 말	접속사	단어-단어, 문장-문장을 연결해주는 말
형용사	명사를 꾸며주거나 상태를 설명하는 말	감탄사	기쁨, 놀라움, 아픔 등을 나타내는 말

• 문장의 성분

문장의 필수 성분에는 주어, 동사, 목적어, 보어가 있고, 부가 성분으로는 수식어가 있습니다.

주어	동사의 주체가 되는 말	~은/는/이/가
동사	상태나 동작을 나타내는 말	~하다/~이다
목적어	행위의 대상이나 목적이 되는 말	~을/를
보어	주어나 목적어를 보충해주는 말	~(상태)이다
수식어	문장에서 다른 단어를 꾸며주거나 그 의미를 더 자세히 설명해 주는 역할을 하는 말	

Unit 03 시제

시제는 행동이나 상태의 시간 순서를 보여줍니다. 실제 영어에서는 다양한 시제를 사용하지만 이력서/커버레터 작성이나 면접에서 사용되는 시제는 한정되어 있습니다. 본인의 성향이나 자질을 설명할 때는 현재 시제, 과거 경험이나 이력을 설명할 때는 과거나 현재 완료 시제를, 포부를 나타낼 때는 미래 시제를 주로 사용합니다.

시제

과거 시제	현재 시제	현재 완료 시제	미래 시제
I wrote a song. 저는 작곡을 했습니다.	I write a song. 저는 작곡을 합니다.	I have written a song. 저는 작곡을 해왔습니다.	I will write a song. 저는 작곡을 할 것입니다.

• 현재 시제

일반적으로 습관, 일반적인 사실, 변하지 않는 진리, 반복되는 행동 등을 나타낼 때 사용됩니다.
주어에 따라 동사의 형태가 달라지며, 주로 주어가 3인칭 단수일 때 동사에 -s나 -es를 붙입니다.

> I drink coffee every morning. 저는 매일 아침 커피를 마십니다.

> **TIP** 이력서나 커버레터에서는 본인에 관련된 내용을 작성하므로 주로 1인칭 주어가 쓰이고, 인사말이나 자기 소개, 본인이 갖추고 있는 기술 및 능력을 서술할 때 주로 현재 시제를 사용합니다.

• 과거 시제

과거에 일어난 일회성 사건, 과거의 상태, 완료된 행동 등을 표현할 때 사용됩니다.
대부분의 동사는 -e나 -ed를 붙이고, '자음+y'로 끝나는 단어는 y를 i로 고치고 -ed를, '단모음+단자음'으로 끝나는 경우 마지막 자음을 하나 더 쓰고 -ed를 붙여 과거형을 만듭니다.

> She finished the project last month. 그녀는 지난 달에 그 프로젝트를 끝냈습니다.

> **TIP** 이력서나 커버레터에서는 본인의 과거의 이력, 경험을 주로 작성하기 때문에 단순 과거 시제의 활용도가 매우 높습니다.

• 미래 시제

미래에 발생할 일, 계획된 행동, 예측 등을 나타낼 때 사용됩니다. 주로 will을 동사 원형 앞에 붙여 표현합니다.

> He will visit his grandparents next weekend. 그는 다음 주에 그의 조부모님을 방문할 것입니다.

> **TIP** 미래 시제는 주로 커버레터나 면접에서 입사 후 포부를 드러낼 때 사용됩니다.

• 현재 완료 시제

현재 완료 시제는 과거에 발생한 일이 현재까지 영향을 미칠 때 사용합니다.

경험, 계속, 완료, 결과의 의미를 가질 수 있습니다. 현재 완료 시제는 동사 자리에 'have/has+p.p.'를 사용합니다.

경험	~해 본 적이 있다 과거에서 현재까지 이르는 경험	I have listened to the song before. 나는 이전에 그 노래를 들어본 적이 있다.
계속	~해 왔다 과거에 시작된 일이 현재까지 계속됨	She has worked at the convenient store for 3 months. 그녀는 3개월 동안 편의점에서 일해왔다.
완료	~했다 과거에 시작된 일이 현재에 완료됨	He has just arrived at the airport. 그는 막 공항에 도착했다.
결과	~해 버렸다 과거의 일이 현재의 결과에 영향을 미침	They have gone to England. 그들은 영국으로 가 버렸다.

> **TIP** 이력서나 커버레터에서는 경험과 계속적 용법이 가장 많이 사용됩니다.

과거 시제 vs. 현재 완료 시제

과거 시제와 현재 완료의 가장 큰 차이점은 바로 '현재까지 영향을 미치는가?'입니다.

과거의 일이 현재에 영향을 주고 있지 않다면 과거 시제, 현재까지 영향을 주고있다면 현재 완료 시제를 사용합니다.

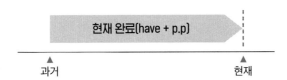

> **TIP** last, ago를 사용할 때는 과거 시제, since+시기, for+기간, so far, yet을 사용할 때는 현재 완료 시제를 주로 사용합니다.

과거 시제   He **moved** to L.A. 10 years ago. 그는 10년 전에 LA로 이사했습니다.

현재 완료 시제   I **have lived** in L.A. since I was 5 years old. 저는 5살 때부터 LA에 살고 있습니다.

시제 일치

시제 일치는 영작할 때 자주 실수하는 부분이므로 유의해야 합니다.

작성한 글의 맥락에 맞추어 시제를 일치시켜야 하며, 주절의 시제와 종속절의 시제는 보통 일치시켜야 합니다.

> She **said** that she **had** an interview. 그녀는 면접을 봤다고 말했습니다.
>   과거 시제   과거 시제

특수 구문 - 도치

도치 구문은 영어에서 문장의 기본 어순을 뒤바꿔 주어와 동사의 위치를 바꾸는 것을 의미합니다. 도치는 주로 의문문을 만들거나 강조하고자 하는 말을 문장의 맨 앞으로 이동시킬 때 사용됩니다. 도치는 크게 의문문 도치, 부사구 도치, 가정법 도치로 나누어집니다. 도치 구문은 이력서나 커버레터가 지루하지 않도록 문장의 다양성과 리듬을 줄 수 있습니다.

도치의 형태

강조하고 싶은 말을 앞으로 보낸 후 일반동사의 조동사 역할을 하는 do 동사를 주어 앞으로 이동하고, 일반동사는 원형으로 바꿔줍니다.

> **I manage** my time **effectively**, ensuring I always meet deadlines.
> 주어   동사
>
> → **Effectively do I manage** my time, ensuring I always meet deadlines.
>   강조하고   조동사 주어 동사
>   싶은 말
>
> 저는 시간을 효과적으로 관리하여 항상 기한을 맞춥니다.

TIP   동사의 시제와 수는 do 동사에 맞춰야 하고, 조동사(have/be 동사도 해당)가 있는 경우는 조동사가 주어 앞에 위치합니다.

부사구 도치

• 부정과 제한을 나타내는 부사(구) 강조

부정 의미의 부사(구)	never 결코 ~않다	hardly/seldom/rarely/little 거의 ~않다
	not until ~하고 나서야 비로소 ~하다	no longer 더 이상 ~않다
	no sooner ~ than ~하자마자 ~하다	nor/neither ~도 역시 ~않다
	nowhere 어디에서도 ~않다	under no circumstance 어떤 일이 있어도 ~않다
	at no time 결코 ~않다	on no account 결코 ~않다
제한 의미의 부사구	not only ~일 뿐 아니라	only + 부사구 오직 ~

> **Never do I take** responsibilities lightly, always ensuring that I deliver my best performance.
>   조동사 주어 동사
>
> 저는 결코 책임을 가볍게 여기지 않으며, 항상 최선을 다해 성과를 내려고 합니다.
>
> **Not only am I skilled** in project management, but I also excel at motivating my team.
>   조동사 주어 동사
>
> 저는 프로젝트 관리에 능숙할 뿐만 아니라 팀을 격려하는 데에도 뛰어납니다.

- **'so/such + 부사/형용사' 강조**

  So **quickly did I adapt** to changes that the team stayed on track and met goals.
  부사 　조동사 주어 동사

  제가 변화에 매우 빨리 적응해서 팀이 계획대로 진행하며 목표를 달성했습니다.

- **장소나 방향 등의 부사(구) 강조**

  At the construction site did I oversee the project, ensuring safety standards were met.
  　　장소 부사구 　　　　조동사 주어 　동사

  건설 현장에서 저는 프로젝트를 감독하며, 안전 기준을 준수하도록 했습니다.

가정법 도치

- **가정법 문장에서 if가 생략될 때**

  Had the team needed additional support, I was ready to help without hesitation.
  조동사 　　주어 　　　동사

  팀이 추가적인 지원이 필요했다면, 항상 주저 없이 도울 준비가 되어 있었습니다.

- **Were it not for(~라면 ~할 텐데) / Had it not been for(~였다면 ~했을 텐데) 구문**

  Were it not for my attention to detail, critical errors could have impacted project outcomes negatively.

  저의 세심함이 없었다면, 치명적인 오류가 프로젝트 결과에 부정적인 영향을 미쳤을 수 있습니다.

기타 도치

- **so, neither/nor(~ 역시 그렇다) 뒤가 '주어+(조)동사'일 때**

  Neither **do I fear** feedback, nor **do I resist** change when it benefits the team.
  　　　조동사 주어 동사 　　　　조동사 주어 동사

  저는 피드백을 두려워하지 않으며, 팀에 이익이 된다면 변화를 거부하지도 않습니다.

- **접속사 as(~처럼)나 than(~보다) 바로 뒤가 '주어+(조)동사'일 때**

  I value teamwork and collaboration, as **do effective leaders** in any organization.
  　　　　　　　　　　　　　　　　　　조동사 　　　주어

  저는 모든 조직의 유능한 리더들처럼 팀워크와 협력을 중요하게 생각합니다.

• 형용사, 분사 형태의 보어가 강조되어 문장의 맨 앞에 나올 때

Passionate <u>**am I**</u> about contributing to a team that values innovation and creativity.
　형용사　　　동사 주어

저는 혁신과 창의성을 중시하는 팀에 기여하는 것에 열정적입니다.

TIP　분사에는 현재 분사와 과거 분사가 있으며 문장에서 형용사 역할을 합니다.

동명사는 현재 분사와 같은 '동사+ing' 형태이지만, '~하는 것'이라는 의미를 가지며 명사 역할을 하므로 현재 분사와 혼동하지 않도록 유의합니다.

용법	형태	의미	예시
현재 분사	동사+ing	능동(~하는), 진행(~하고 있는)	developing countries 개발하고 있는 국가들
과거 분사	동사+ed	수동(~해진, ~당한), 완료(~된)	developed countries 개발 완료된 국가들

도치 구문 사용 시 유의점!

❶ 적절한 상황에서 사용하기
　도치는 강조나 변화를 위해 적절히 사용해야 하며, 과도하게 사용하면 어색해 보일 수 있습니다.

❷ 문법적 일관성 유지하기
　도치를 사용할 때 주어와 동사의 일치, 시제 등 기본 문법 규칙에 오류가 없도록 유의해야 합니다.

인사 및 자기소개

첫인사, 자기소개, 성격

안녕하세요, 처음 뵙겠습니다

Hi, thank you for having me here today.
안녕하세요, 오늘 이 자리에 불러 주셔서 감사합니다.

I'm very pleased to meet you.
만나 뵙게 되어 매우 반갑습니다.

Good morning/afternoon. It's a pleasure to meet you.
좋은 아침/오후입니다. 만나서 반갑습니다.

Hi, it's great to meet you. Thank you for this opportunity.
안녕하세요, 만나서 반갑습니다. 이런 기회를 주셔서 감사합니다.

저는 ~입니다

My name is Amy.
제 이름은 에이미입니다.

My name is Jiwon Song. Please call me Amy.
저는 송지원입니다. 에이미라고 불러주세요.

I come from Korea.
저는 한국에서 왔습니다.

I am from Seoul.
저는 서울에서 태어났습니다.

I am from a family of five.
저희 가족은 다섯 식구입니다.

I am an experienced interior designer.
저는 경험이 있는 인테리어 디자이너입니다.

~에 지원합니다

I am applying for the marketing internship.
마케팅 인턴십에 지원하고자 합니다.

I am interested in the data analyst role.
데이터 분석가 역할에 관심이 있습니다.

I am interested in joining your customer service team.
고객 서비스 팀에 입사하고 싶습니다.

I am seeking a position in your finance department.
재무 부서에서 일하기를 원합니다.

I am a candidate for the operations manager position.
운영 관리자 직책에 지원하고자 합니다.

저는 ~한 사람입니다

I am a person who is hardworking and dedicated.
저는 열심히 일하고 헌신적인 사람입니다.

I am a person who is friendly and outgoing.
저는 친절하고 외향적인 사람입니다.

I have a positive and energetic personality.
저는 긍정적이고 활기찬 성격을 가지고 있습니다.

I have a calm and patient personality.
저는 차분하고 인내심이 있는 사람입니다.

필수 패턴

- □ **thank you for 동사ing** ~해 주셔서 감사합니다
- □ **it's a pleasure to** ~하게 되어 기쁩니다
- □ **be pleased to** ~하게 되어 기쁩니다
- □ **I am an experienced** 저는 경험이 있는 ~입니다
- □ **I am applying for** 저는 ~에 지원합니다
- □ **I am interested in** 저는 ~에 관심이 있습니다
- □ **I am seeking** 저는 ~을 찾고 있습니다
- □ **I am a person who is** 저는 ~한 사람입니다

핵심 표현

- □ **position** 직책
- □ **opportunity** 기회
- □ **role** 역할
- □ **department** 부서
- □ **candidate** (일자리의) 후보자, 지원자
- □ **operation** 운영
- □ **personality** 성격

연습 문제

주어진 우리말을 보고 빈칸을 채워 보세요.

1   I am pleased to _____ _____ _____ to join your _____
    company.
    존경받는 회사에 입사할 수 있는 기회를 얻게 되어 기쁩니다.

2   I am interested in _____ opportunities within your _____
    organization.
    저는 귀사의 혁신적인 조직 내에서 기회를 모색하고 싶습니다.

3   I am a person who is always _____ _____ _____ and _____ to new
    challenges.
    저는 항상 새로운 것을 배우고 새로운 도전에 적응하기를 열망하는 사람입니다.

모범 답안

1.   I am pleased to have the chance to join your esteemed company.

2.   I am interested in exploring opportunities within your innovative organization.

3.   I am a person who is always eager to learn and adapt to new challenges.

연습 문제

주어진 문장을 알맞게 영작해 보세요.

1   만나 뵙게 되어 반갑습니다. 이런 기회를 주셔서 감사합니다.

_____

2   안녕하세요, 만나서 반갑습니다.

_____

3   저는 재무 및 회계 분야에서 경력을 쌓은 마이클 리입니다.

_____

4   저는 그래픽 디자인에 관심이 많은 사라 김입니다.

_____

5   저는 크리에이티브 솔루션에서 그래픽 디자이너로 일할 수 있는 기회를 찾고 있습니다.

_____

6   저는 글로벌 엔터프라이스의 인사 코디네이터 직책에 지원하게 되었습니다.

_____

모범 답안

1.   Good to meet you and thank you for this opportunity.
2.   Hello, it's a pleasure to meet you.
3.   I am Michael Lee, with a background in finance and accounting.
4.   My name is Sarah Kim, and I have a passion for graphic design.
5.   I am seeking the opportunity to work as a Graphic Designer at Creative Solutions Inc.
6.   I am applying for the position of Human Resources Coordinator at Global Enterprises.

나만의 문장 만들기

앞서 배운 내용을 활용하여 나만의 문장을 만들어 보세요.

안녕하세요, 처음 뵙겠습니다

_____

_____

_____

저는 ~입니다

_____

_____

_____

~에 지원합니다

_____

_____

_____

저는 ~한 사람입니다

_____

_____

_____

장단점, 가치관, 관심사

저의 장점은 ~입니다

My strength is the ability to work well as part of a team.
저의 강점은 팀의 일원으로 잘 일할 수 있다는 점입니다.

I can be highly motivated, consistently striving to achieve my goals.
저는 높은 동기부여를 바탕으로 목표를 달성하기 위해 꾸준히 노력합니다.

My strong communication skills are a key asset.
저의 강력한 커뮤니케이션 능력은 핵심 자산입니다.

I am very detail-oriented and thorough in my work.
저는 업무에 있어 매우 세밀하고 철저합니다.

My problem-solving skills are one of my strongest assets.
문제 해결 능력은 저의 가장 강력한 자산 중 하나입니다.

I am trying to be more open to new ideas and perspectives to enhance my creativity.
저는 창의력을 향상시키기 위해 새로운 아이디어와 관점에 더 개방적이 되려고 노력합니다.

I am trying to be less hesitant in taking the lead on challenging projects.
저는 도전적인 프로젝트를 주도하는 데 주저하지 않으려고 노력합니다.

I am highly adaptable to new situations and challenges.
저는 새로운 상황과 도전에 대한 적응력이 뛰어납니다.

저의 단점은 ~입니다

I can be overly meticulous, which sometimes slows down my work pace.
저는 지나치게 꼼꼼한 편이라 업무 속도가 느려질 때가 있습니다.

I am trying to be less critical of my own work to improve my productivity.
생산성을 높이기 위해 제 작업에 대한 비판을 줄이려고 노력하고 있습니다.

To be honest, I sometimes hesitate to ask for help, preferring to solve problems on my own.
솔직히 말해서 저는 가끔 도움을 요청하는 것을 주저하고 혼자서 문제를 해결하는 것을 선호합니다.

I've been working on improving my time management skills.
저는 시간 관리 기술을 향상시키기 위해 노력하고 있습니다.

I am afraid that my perfectionism can sometimes delay project completion.
제 완벽주의 때문에 프로젝트 완료가 늦어질까 봐 걱정됩니다.

Actually, I sometimes struggle with multitasking and prefer focusing on one task at a time.
사실 저는 멀티태스킹에 어려움을 겪을 때가 있고 한 번에 한 가지 작업에 집중하는 것을 선호합니다.

저에겐 ~이 가장 중요합니다 (가치관, 관점)

I prioritize integrity and always strive to act with honesty.

저는 정직성을 최우선으로 생각하며 항상 정직하게 행동하려고 노력합니다.

Continuous learning and self-improvement are core to my personal and professional growth.

지속적인 학습과 자기계발은 제 개인적, 직업적 성장의 핵심 요소입니다.

I believe in the power of teamwork and collaboration to achieve common goals.

저는 공동의 목표를 달성하기 위한 팀워크와 협업의 위력을 믿습니다.

Respect and empathy are fundamental in all my interactions.

존중과 공감은 모든 관계의 기본입니다.

Delivering high-quality work is my top priority in every task I undertake.

저는 모든 업무에서 높은 수준의 결과물을 제공하는 것을 최우선 순위로 생각합니다.

I value taking responsibility and being accountable for my actions and decisions.

저는 제 행동과 결정에 대해 책임감을 갖고 책임지는 것을 중요하게 생각합니다.

~을 정말 하고 싶습니다, 노력하고 있습니다

I am really keen to join your dynamic marketing team and contribute to innovative campaigns.

저는 활기 넘치는 마케팅 팀에 합류하여 혁신적인 캠페인에 기여하고 싶습니다.

I am trying to enhance my skills in project management through continuous learning.

저는 꾸준한 배움을 통해 프로젝트 관리 능력을 향상시키려고 노력하고 있습니다.

I don't mind working overtime to meet tight deadlines.

저는 촉박한 마감일을 맞추기 위해 야근을 해도 상관없습니다.

My passion for continuous learning and innovation are what distinguish me as a professional.

지속적인 배움과 혁신적인 것에 대한 저의 열정은 저를 전문가로서 차별화된 점입니다.

I keep up with the latest industry trends by attending webinars and conferences.

저는 웨비나와 컨퍼런스에 참석하여 최신 업계 동향을 파악하고 있습니다.

필수 패턴

- ☐ **I can be** 저는 ~할 수 있습니다
- ☐ **I am trying to be less ~**
  덜 ~하려고 노력하고 있습니다
- ☐ **I've been -ing** 저는 ~해 왔습니다
- ☐ **I am afraid that** 저는 ~이 걱정스럽습니다
- ☐ **To be honest,** 솔직히 말해서
- ☐ **~ are one of my strongest assets**
  ~은 저의 가장 강력한 자산 중 하나입니다
- ☐ **My strength is** 저의 강점은 ~입니다
- ☐ **I am trying to be more/less ~**
  저는 ~을 더/덜 하려고 노력하고 있습니다
- ☐ **I am really keen to** 저는 정말로 ~하고 싶습니다

- ☐ **I am trying to** 저는 ~하려고 노력하고 있습니다
- ☐ **I don't mind** 저는 ~을 개의치 않습니다
- ☐ **~ are what distinguishes me**
  ~이 저를 차별화 시켜줍니다
- ☐ **I keep up with** 저는 ~에 밝습니다, ~에 뒤지지 않습니다
- ☐ **I'm not much of a ~** 저는 그다지 ~하지 않습니다
- ☐ **I prioritize** 저는 ~을 우선시합니다
- ☐ **~are core to** ~은 ~의 핵심 요소입니다
- ☐ **~is my top priority** ~은 제가 하는 모든 일에서 최우선입니다
- ☐ **I value ~** 저는 ~을 소중히 여깁니다

핵심 표현

- ☐ **motivated** 동기 부여된
- ☐ **consistently** 일관되게
- ☐ **asset** 자산
- ☐ **detail-oriented** 꼼꼼한, 세부 사항에 신경 쓰는
- ☐ **problem-solving** 문제해결
- ☐ **perspective** 관점
- ☐ **adaptable** (새로운 환경에) 적응할 수 있는
- ☐ **meticulous** 꼼꼼한
- ☐ **work pace** 작업 속도

- ☐ **improve** 개선하다
- ☐ **productivity** 생산성
- ☐ **perfectionism** 완벽주의
- ☐ **completion** 완료
- ☐ **struggle** 고군분투하다
- ☐ **enhance** 향상시키다
- ☐ **work overtime** 초과 근무를 하다 (야근하다)
- ☐ **distinguish** 구별하다
- ☐ **webinar** 웨비나, 웹 세미나

연습 문제

주어진 우리말을 보고 빈칸을 채워 보세요.

1 I am really keen to _____ _____ projects that challenge my problem-solving abilities.
   저는 문제 해결 능력에 도전하는 프로젝트에 참여하고 싶습니다.

2 I can be too _____ _____ details, occasionally _____ the bigger picture.
   저는 세부 사항들에 너무 집중해서, 가끔 큰 그림을 놓칠 때가 있습니다.

3 To be honest, I can be quite _____, which can affect my _____.
   솔직히 말해서, 저는 꽤 자기 비판적일 수도 있는데 이는 제 자신감에 영향을 미칩니다.

4 I've been learning to _____ _____ more effectively to my team.
   저는 팀에게 더 효과적으로 작업을 위임하는 방법을 배웠습니다.

5 I don't mind relocating for _____ _____ _____ that matches my career goals.
   제 경력 목표에 맞는 적절한 기회를 위해 자리를 옮기는 것도 마다하지 않습니다.

모범 답안

1. I am really keen to participate in projects that challenge my problem-solving abilities.

2. I can be too focused on details, occasionally missing the bigger picture.

3. To be honest, I can be quite self-critical, which can affect my confidence.

4. I've been learning to delegate tasks more effectively to my team.

5. I don't mind relocating for the right opportunity that matches my career goals.

연습 문제

주어진 문장을 알맞게 영작해 보세요.

1   저는 금융분야에서 저의 폭넓은 배경지식을 적용할 수 있는 기회를 찾으려고 노력하고 있습니다.

    _____

2   저의 긍정적인 태도 덕분에 다른 사람들과 일을 잘 할 수 있습니다.

    _____

3   솔직히 말해서, 저는 꽤 자기 비판적일 수도 있는데 이는 제 자신감에 영향을 미칩니다.

    _____

4   저는 그다지 위험을 감수하는 편이 아니며, 세심한 계획과 전략을 믿습니다.

    _____

5   온라인 강좌와 자격증을 통해 새로운 기술을 계속 습득하고 있습니다.

    _____

모범 답안

1. I am trying to find opportunities where I can apply my extensive background in finance.
2. My positive attitude helps me work well with others.
3. To be honest, I can be quite self-critical, which can affect my confidence.
4. I'm not much of a risk-taker; I believe in careful planning and strategy.
5. I keep up with new technologies through online courses and certifications.

나만의 문장 만들기

앞서 배운 내용을 활용하여 나만의 문장을 만들어 보세요.

저의 장점은 ~입니다

_____

_____

_____

저의 단점은 ~입니다

_____

_____

_____

저에겐 ~이 제일 중요합니다

_____

_____

_____

~을 정말 하고 싶습니다, 노력하고 있습니다

_____

_____

_____

특기, 취미 활동, 대외 활동

제 취미는 ~입니다

I like to go to community service events to give back and connect with others.
저는 지역사회 봉사 행사에 참석하여 다른 사람들과 교류하고 나눔을 실천하는 것을 좋아합니다.

I work out regularly to maintain my physical and mental health.
신체적, 정신적 건강을 유지하기 위해 규칙적으로 운동합니다.

I play with my kids to unwind and enjoy quality family time.
아이들과 함께 놀면서 긴장을 풀고 가족과 좋은 시간을 즐깁니다.

It's exciting to travel and explore different cultures.
여행을 다니며 다양한 문화를 탐험하는 것은 신나는 일입니다.

When I am reading, I immerse myself in different perspectives and ideas.
독서를 할 때는 다양한 관점과 아이디어에 몰입합니다.

제가 가장 좋아하는/좋아하지 않는 것은 ~입니다

My favorite way to relax is taking long walks in nature to clear my mind.
제가 가장 좋아하는 휴식 방법은 자연 속에서 긴 산책을 하며 마음을 비우는 것입니다.

Reading a good book is my favorite way to relax after a busy day.
좋은 책을 읽는 것도 바쁜 하루를 보낸 후 휴식을 취하는 가장 좋은 방법입니다.

Traveling to new places is something I am very fond of, as it broadens my perspective.
새로운 곳을 여행하는 것은 제 시야를 넓혀주기 때문에 매우 좋아합니다.

I am passionate about mentoring others and sharing my knowledge.
저는 다른 사람들을 멘토링하고 제 지식을 공유하는 데 열정적입니다.

Working on repetitive tasks is my least favorite; I thrive on new challenges.
반복적인 업무는 제가 가장 싫어하는 일이며 새로운 도전을 즐기는 편입니다.

I am not a big fan of crowded events; I prefer smaller, more meaningful gatherings.
저는 사람들이 많이 모이는 행사를 좋아하지 않고 작고 의미 있는 모임을 선호합니다.

기회가 생기면 전 ~합니다

I travel to new places every chance I get to broaden my cultural understanding.
저는 문화적 이해의 폭을 넓히기 위해 기회가 있을 때마다 새로운 곳을 여행합니다.

I love to participate in team sports in order to build camaraderie and to stay fit.
저는 동료애를 키우고 건강을 유지하기 위해 팀 스포츠에 참여하는 것을 좋아합니다.

I probably spend too much time perfecting details because I strive for excellence.
저는 완벽함을 추구하기 때문에 디테일을 완성하는 데 너무 많은 시간을 할애하는 것 같아요.

I started it as a side project, but now blogging about industry trends is something I am passionate about.
처음에는 부업으로 시작했지만 지금은 업계 트렌드에 대한 블로깅에 열정을 쏟고 있습니다.

In my free time, I volunteer at local non-profits to contribute to my community.
여가 시간에는 지역 비영리 단체에서 자원봉사를 하며 지역사회에 기여하고 있습니다.

저는 ~을 잘 합니다

I am good at managing multiple projects simultaneously without compromising quality.
저는 품질 저하 없이 여러 프로젝트를 동시에 관리하는 데 능숙합니다.

I am highly skilled in digital marketing, driving growth and engagement through innovative strategies.
저는 디지털 마케팅에 능숙하며 혁신적인 전략을 통해 성장과 참여를 유도합니다.

I excel at team leadership, motivating and guiding my team towards success.
저는 팀 리더십에 뛰어나며, 팀원들에게 동기를 부여하고 팀을 성공으로 이끌 수 있습니다.

I am adept at quickly learning new technologies and applying them to improve processes.
저는 새로운 기술을 빠르게 습득하고 이를 프로세스 개선에 적용하는 데 능숙합니다.

I have a strong ability to build and maintain strong client relationships.
저는 강력한 고객 관계를 구축하고 유지하는 능력이 뛰어납니다.

필수 패턴

- [ ] I like to go to ~ 저는 ~하는 것을 좋아합니다
- [ ] I work out 저는 운동합니다
- [ ] I play with 저는 ~와 함께 놉니다
- [ ] It's exciting to ~하는 것은 신나는 일입니다
- [ ] When I am -ing, I ~ ~할 때, 저는 ~
- [ ] My favorite way to relax is ~ 제가 가장 좋아하는 휴식 방법은 ~입니다
- [ ] ~ is my favorite way to relax ~은 휴식을 취하는 가장 좋은 방법입니다
- [ ] ~ is something I am very fond of ~은 제가 매우 좋아하는 것입니다
- [ ] I am passionate 저는 열정적입니다
- [ ] I am not a big fan of 저는 ~을 좋아하지 않습니다
- [ ] ~ is my least favorite ~은 제가 가장 싫어하는 것입니다
- [ ] I love to participate in ~ 저는 ~에 참여하는 것을 좋아합니다
- [ ] I spend too much time -ing 저는 ~에 너무 많은 시간을 할애합니다
- [ ] ~ is something I am passionate about ~은 제가 열정을 쏟고 있는 것입니다
- [ ] In my free time, ~ 여가 시간에는, ~
- [ ] I am good at -ing 저는 ~에 능숙합니다
- [ ] I am highly skilled in ~ 저는 ~에 매우 능숙합니다
- [ ] I excel at ~ 저는 ~에 뛰어납니다
- [ ] I am adept at ~ 저는 ~에 능숙합니다
- [ ] I have a strong ability to ~ 저는 ~능력이 뛰어납니다

핵심 표현

- [ ] community service 지역사회 봉사활동
- [ ] give back 나누다, 돌려주다
- [ ] regularly 정기적으로
- [ ] maintain 유지하다
- [ ] unwind 긴장을 풀다
- [ ] explore 탐험하다
- [ ] immerse 몰입하다
- [ ] broaden 넓히다
- [ ] mentor 멘토
- [ ] share 공유하다
- [ ] repetitive 반복적인
- [ ] crowded 붐비는, 복잡한
- [ ] gathering 모임
- [ ] strive for ~을 위해 노력하다
- [ ] be passionate about ~에 열심이다
- [ ] non-profits 비영리적인
- [ ] engagement 참여
- [ ] maintain relationships 관계를 유지하다

연습 문제

주어진 우리말을 보고 빈칸을 채워 보세요.

1   I like to go to ＿＿＿＿＿＿ ＿＿＿＿＿＿ to ＿＿＿＿＿＿ ＿＿＿＿＿＿ on the
    latest trends.
    저는 업계 컨퍼런스에 참석하여 최신 트렌드를 파악하는 것을 좋아합니다.

2   I work out at the gym every morning to ＿＿＿＿＿ ＿＿＿＿＿ ＿＿＿＿ with energy.
    매일 아침 헬스장에서 운동하며 활기차게 하루를 시작합니다.

3   I play with my friends in a local soccer league to ＿＿＿＿＿＿ ＿＿＿＿＿ and
    ＿＿＿＿＿＿ ＿＿＿＿＿.
    지역 축구 리그에서 친구들과 함께 뛰며 활동적이고 즐거운 시간을 보내기도 합니다.

4   When I am hiking, I find ＿＿＿＿＿＿ and ＿＿＿＿＿＿ in nature.
    하이킹을 할 때는 자연 속에서 평화와 영감을 얻습니다.

5   I am not a big fan of ＿＿＿＿＿＿ through work; I believe in ＿＿＿＿＿ over
    ＿＿＿＿＿.
    저는 일을 서두르는 것을 좋아하지 않고 속도보다 품질을 중요하게 생각합니다.

모범 답안

1. I like to going to industry conferences to stay updated on the latest trends.
2. I work out at the gym every morning to start my day with energy.
3. I play with my friends in a local soccer league to stay active and have fun.
4. When I am hiking, I find peace and inspiration in nature.
5. I am not a big fan of rushing through work; I believe in quality over speed.

연습 문제

주어진 문장을 알맞게 영작해 보세요.

1 음악을 듣는 것은 휴식을 취하고 긴장을 푸는 가장 좋은 방법입니다.

_____

2 사내 정치적 문제에 관여하는 것은 제가 가장 싫어하는 것이며, 저는 투명성과 팀워크를 중시합니다.

_____

3 지역 사회 봉사에 참여하는 것은 보답할 수 있기 때문에 제가 가장 좋아하는 일입니다.

_____

4 저는 끊임없이 배우고 자기 개발하는 데 열정적입니다.

_____

5 저는 제 한계를 뛰어넘는 것을 즐기기 때문에 도전적인 프로젝트를 맡는 것 같습니다.

_____

모범 답안

1. Listening to music is my favorite way to relax and unwind.
2. Engaging in office politics is my least favorite; I value transparency and teamwork.
3. Participating in community service is something I am very fond of, as it allows me to give back.
4. I am passionate about continuous learning and self-improvement.
5. I probably take on challenging projects because I enjoy pushing my limits.

나만의 문장 만들기

앞서 배운 내용을 활용하여 나만의 문장을 만들어 보세요.

제 취미는 ~입니다

제가 가장 좋아하는/좋아하지 않는 것은 ~입니다

기회가 생기면 전 ~합니다

저는 ~을 잘 합니다

학업 및 경험

~전공입니다

I am majoring in Business Administration with a focus on marketing strategies.
저는 마케팅 전략에 중점을 둔 경영학을 전공하고 있습니다.

My major is Psychology, providing me with insights into human behavior and mental processes.
제 전공은 심리학으로, 인간의 행동과 정신 과정에 대한 통찰력을 제공합니다.

I am doing a minor in Creative Writing to balance my major in Journalism.
전공인 저널리즘과 균형을 맞추기 위해 부전공으로 문예창작을 하고 있습니다.

I double-majored in Graphic Design and Marketing, combining creativity with strategic thinking.
저는 창의성과 전략적 사고를 결합한 그래픽 디자인과 마케팅을 복수 전공했습니다.

I am a senior majoring in Information Technology, specializing in cybersecurity.
저는 사이버 보안을 전문으로 하는 정보 기술을 전공하는 4학년입니다.

My academic focus was on environmental sustainability, studying ways to mitigate climate change and promote green technologies.
저는 환경 지속 가능성에 중점을 두고 기후 변화를 완화하고 친환경 기술을 촉진하는 방법을 연구했습니다.

졸업했습니다, 졸업할 예정입니다

I graduated from the University of California with a Bachelor's in Mechanical Engineering.
저는 캘리포니아 대학교에서 기계공학 학사 학위를 받았습니다.

I will graduate with honors in Environmental Science.
환경 과학을 우등으로 졸업할 예정입니다.

I will be graduating with a degree in Electrical Engineering from MIT in June.
저는 6월에 MIT에서 전기공학 학위를 취득할 예정입니다.

I am expecting with a specialization in Artificial Intelligence to finish my degree by the end of the year.
인공 지능을 전공하여 연말까지 학위를 마칠 수 있을 것으로 예상하고 있습니다.

I received my degree in Graphic Design from the Rhode Island School of Design.
저는 로드 아일랜드 디자인 스쿨에서 그래픽 디자인 학위를 받았습니다.

I finished my studies in Journalism at Columbia University.
컬럼비아 대학교에서 저널리즘을 전공했습니다.

~에서 활동했습니다

I was in the student government, serving as the treasurer.
저는 학생회에서 재무를 맡았습니다.

I joined it to gain hands-on experience in community service projects.
지역 사회 봉사 프로젝트에서 실무 경험을 쌓기 위해 학생회에 가입했습니다.

I collaborated with marketing specialists to create an effective promotional campaign.
마케팅 전문가와 협업하여 효과적인 홍보 캠페인을 만들었습니다.

Its main activities were conducting research and publishing findings in academic journals.
주요 활동은 연구를 수행하고 그 결과를 학술지에 발표하는 것이었습니다.

I had a chance to lead a major project that improved our department's efficiency.
부서의 효율성을 개선하는 주요 프로젝트를 주도할 기회도 있었습니다.

I participated in a leadership training program to improve my managerial abilities.
관리 능력을 향상시키기 위해 리더십 교육 프로그램에 참여했습니다.

I served as the project manager for a key client project, ensuring timely delivery and quality results.
주요 고객 프로젝트의 프로젝트 매니저를 맡아 기한 내 결과물 제공과 양질의 결과물을 보장했습니다.

I was a member of the company's diversity and inclusion committee, promoting a positive work environment.
저는 회사의 다양성 및 포용성 위원회의 일원으로 긍정적인 업무 환경을 조성하기 위해 노력했습니다.

~한 경험이었습니다

It was a challenging experience managing a team during a high-pressure deadline.
마감 기한이 촉박한 상황에서 팀을 관리하는 것은 어려운 경험이었습니다.

Working on multiple projects taught me how to prioritize tasks efficiently.
여러 프로젝트를 진행하면서 작업의 우선순위를 효율적으로 정하는 방법을 배웠습니다.

I improved my public speaking skills by practicing regularly and seeking feedback.
정기적으로 연습하고 피드백을 구하면서 대중 연설 능력을 향상시켰습니다.

I discovered the importance of networking during my internship at a multinational company.
다국적 기업에서 인턴십을 하면서 네트워킹의 중요성을 깨달았습니다.

Balancing client expectations and team capabilities taught me negotiation and mediation skills.
고객의 기대치와 팀 역량 간의 균형을 맞추면서 협상과 중재 기술을 배웠습니다.

Working on tight deadlines enhanced my efficiency and stress management skills.
촉박한 마감 기한에 맞춰 일하면서 효율성과 스트레스 관리 기술을 향상시켰습니다.

Participating in industry conferences opened my eyes to emerging trends and technologies.
업계 컨퍼런스에 참여하면서 새로운 트렌드와 기술에 눈을 뜨게 되었습니다.

필수 패턴

- [ ] I am majoring in ~ ~을 전공하고 있습니다
- [ ] My major is ~ 제 전공은 ~
- [ ] I am doing a minor in ~ 부전공으로 ~하고 있습니다
- [ ] I double-majored in ~ ~을 복수 전공했습니다
- [ ] I am a senior majoring in ~
  저는 ~을 전공하는 4학년입니다
- [ ] My academic focus was on ~
  ~에 학문적 초점을 맞췄습니다
- [ ] I graduated from ~ with ~
  저는 ~에서 ~(학위)를 받았습니다
- [ ] I will graduate with ~ 저는 ~로 졸업할 예정입니다
- [ ] I will be graduating with a degree in ~
  from ~ in ~ 저는 ~를 ~로 졸업할 예정입니다
- [ ] I am expecting with ~
  저는 ~할 것으로 예상하고 있습니다
- [ ] I received my degree 저는 학위를 받았습니다
- [ ] I was in ~ 저는 ~에 있었습니다
- [ ] I joined it to ~ 저는 ~위해 가입했습니다

- [ ] I collaborated with ~ to ~ 저는 ~을 위해 ~와 협업했습니다
- [ ] Its main activities were ~ 주요 활동은 ~였습니다
- [ ] I had a chance to ~ 저는 ~할 기회가 있었습니다
- [ ] I participated in ~ 저는 ~에 참여했습니다
- [ ] I served as ~ 저는 ~의 역할을 맡았습니다
- [ ] I was a member of ~ 저는 ~의 일원이었습니다
- [ ] It was a ~ experience 그것은 ~한 경험이었습니다
- [ ] working on ~ taught me how to ~
  ~에서 일하면서 ~하는 방법을 배웠습니다
- [ ] I improved my ~ skills by -ing
  저는 ~을 하면서 ~능력을 키웠습니다
- [ ] I discovered the importance of ~ during ~
  저는 ~을 하면서 ~의 중요성을 깨달았습니다
- [ ] balancing A and B taught me ~
  A와 B의 균형을 맞추면서 ~을 배웠습니다
- [ ] working on ~ enhanced ~
  ~에서 일하면서 ~을 향상시켰습니다
- [ ] participating in ~ opened my eyes to ~
  ~에 참여하면서 ~에 눈을 뜨게 되었습니다

핵심 표현

- [ ] administration 경영, 관리
- [ ] psychology 심리학, 심리
- [ ] behavior 행동, 태도
- [ ] creative writing 창작
- [ ] combine 결합하다, 합치다
- [ ] strategic 전략적인
- [ ] senior 4학년, 연장자
- [ ] cybersecurity 사이버 보안
- [ ] environmental sustainability 환경 지속 가능성
- [ ] mitigate 완화시키다
- [ ] specialization 전공
- [ ] student government 학생회
- [ ] hands-on experience 실무 경험

- [ ] collaborate with ~와 협업하다
- [ ] academic journal 학술지
- [ ] managerial ability 관리 능력
- [ ] serve as ~의 역할을 하다
- [ ] quality result 양질의 결과물
- [ ] committee 위원회
- [ ] high-pressure 심한 압박
- [ ] deadline 마감 기한
- [ ] prioritize 우선 순위를 매기다
- [ ] efficiently 효율적으로
- [ ] public speaking 공개 연설
- [ ] multinational 다국적의, 다국적 기업
- [ ] capability 능력
- [ ] negotiation 협상, 교섭

연습 문제

주어진 우리말을 보고 빈칸을 채워 보세요.

1 I am majoring in Computer Science, _____ _____ artificial intelligence.
   저는 컴퓨터 공학을 전공하고 있고, 인공 지능을 전문으로 합니다.

2 My major is International Relations, _____ _____ global politics and diplomacy.
   저는 세계 정치와 외교에 중점을 둔 국제 관계학을 전공하고 있습니다.

3 I am doing a minor in Data Analytics to _____ _____ _____ in Business Administration.
   경영학 분야에서의 능력을 향상시키기 위해 부전공으로 데이터 분석을 하고 있습니다.

4 I double-majored in Biology and Chemistry, _____ me _____ a career in _____ _____.
   저는 생물학과 화학을 복수 전공했고, 의학 연구 분야로 가기 위해 준비중입니다.

5 I am a senior majoring in Sociology, with a _____ _____ _____ social justice issues.
   저는 사회학을 전공하는 4학년이고, 사회 정의 문제에 대해 큰 관심을 가지고 있습니다.

6 I received my degree in Economics from the London School of _____.
   저는 런던 경제 대학에서 경제 학위를 받았습니다.

7 Its main activities were focused on _____ and _____ of sustainable energy solutions.
   주요 활동은 지속 가능한 에너지의의 해결책을 연구하고 개발하는 것이었습니다.

8 I had a chance to lead a project that significantly improved our _____ _____.
   운영적 효율성을 크게 개선하는 주요 프로젝트를 주도할 기회가 있었습니다.

9 I served as the team lead for a _____ _____ _____.
   저는 중요한 고객 담당 프로젝트의 팀 리더를 맡았습니다.

10 It was a _____ experience that _____ my leadership skills.

리더십 능력을 향상시킨 보람찬 경험이었습니다.

11 Working on the marketing campaign taught me how to _____ strategies with customer _____.

마케팅 캠페인을 진행하면서 고객의 요구 사항에 맞춰 전략을 조정하는 방법을 배웠습니다.

12 I discovered the importance of _____ to detail during the quality _____

_____.

품질 보증 과정에서 세부 사항의 중요성을 깨달았습니다.

모범 답안

1. I am majoring in Computer Science, specializing in artificial intelligence.

2. My major is International Relations, focusing on global politics and diplomacy.

3. I am doing a minor in Data Analytics to enhance my skills in Business Administration.

4. I double-majored in Biology and Chemistry, preparing me for a career in medical research.

5. I am a senior majoring in Sociology, with a keen interest in social justice issues.

6. I received my degree in Economics from the London School of Economics.

7. Its main activities were focused on research and development of sustainable energy solutions.

8. I had a chance to lead a project that significantly improved our operational efficiency.

9. I served as the team lead for a crucial client project.

10. It was a rewarding experience that enhanced my leadership skills.

11. Working on the marketing campaign taught me how to align strategies with customer needs.

12. I discovered the importance of attention to detail during the quality assurance process.

연습 문제

주어진 문장을 알맞게 영작해 보세요.

1   저는 비즈니스 분석에 중점을 두고 복잡한 데이터를 해석하여 정보를 기반으로 한 비즈니스 결정을 내리는 방법을 배웠습니다.

_____

2   저는 내년에 데이터 과학 학위를 받을 수 있을 것으로 예상하고 있습니다.

_____

3   저는 5월에 뉴욕대에서 마케팅 학위를 취득할 예정입니다.

_____

4   저는 여러 부서로 이루어진 팀과 협업하여 상품 생산 과정을 간소화했습니다.

_____

5   저는 새로운 기업 정책을 개발한 대책 위원회의 일원이었습니다.

_____

6   주주들에게 정기적으로 발표하면서 소통 능력을 향상시켰습니다.

_____

7   웹사이트의 디자인을 다시 작업하면서 사용자 경험의 디자인 능력을 향상시켰습니다.

_____

8   다수의 프로젝트와 촉박한 마감 기한 간의 균형을 맞추면서 시간 관리와 우선 순위를 정하는 방법을 배웠습니다.

_____

1. My academic focus was on business analytics, learning to interpret complex data to make informed business decisions.

2. I am expecting to graduate with a degree in Data Science next year.

3. I will be graduating with a degree in Marketing from New York University in May.

4. I collaborated with cross-functional teams to streamline the product launch process.

5. I was a member of the task force that developed the new company policy.

6. I improved my communication skills by regularly presenting to stakeholders.

7. Working on the website redesign enhanced my user experience design abilities.

8. Balancing multiple projects and tight deadlines taught me time management and prioritization.

나만의 문장 만들기

앞서 배운 내용을 활용하여 나만의 문장을 만들어 보세요.

~전공 입니다

_____

_____

_____

졸업했습니다, 졸업할 예정입니다

_____

_____

_____

~에서 활동했습니다

_____

_____

_____

~한 경험이었습니다

_____

_____

_____

09 직무 경험, 대외 활동

~업무를 했습니다

I worked at ABC Marketing Agency, where I specialized in digital campaigns.
저는 디지털 캠페인을 전문으로 하는 ABC 마케팅 에이전시에서 일했습니다.

The job required me to analyze market trends and develop effective marketing strategies.
그 직무는 시장 트렌드를 분석하고 효과적인 마케팅 전략을 수립할 것을 요구했습니다.

I did part-time work at a café, where I handled customer orders and payments.
저는 카페에서 고객의 주문과 결제를 처리하는 아르바이트를 했습니다.

I was an intern at Global Media, helping with content creation and editing.
저는 글로벌 미디어에서 인턴이었고, 컨텐츠 제작과 편집 업무를 도왔습니다.

I managed client relationships, providing exceptional service and support.
고객 관계를 관리하며, 차별화된 서비스와 지원을 제공했습니다.

I assisted the marketing team in creating compelling advertising content.
저는 마케팅 팀에서 눈길을 끄는 광고 컨텐츠 제작을 지원했습니다.

~할 수 있었습니다, 성취했습니다

I was able to lead a cross-functional team to complete a major project ahead of schedule.
저는 여러 부서로 구성된 팀을 이끌고 주요 프로젝트를 예정보다 일찍 완료할 수 있었습니다.

I was chosen as Employee of the Month for my outstanding performance.
저는 뛰어난 성과로 이달의 직원으로 선정되었습니다.

I won first place in the company's annual sales competition.
저는 회사의 연례 영업 실적 경쟁에서 1등을 차지했습니다.

I was pleased with the opportunity to present my ideas to the executive team.
저는 제 아이디어를 경영진에게 발표할 수 있는 기회를 얻게 되어 기뻤습니다.

I took the initiative to conduct a market analysis that informed our strategic decisions.
저는 주도적으로 시장 분석을 수행하여 전략적 결정에 기여했습니다.

~을 배웠습니다

I learned that effective communication is crucial for successful project management.
저는 성공적인 프로젝트 관리를 위해서는 효과적인 소통이 중요하다는 것을 배웠습니다.

I realized that maintaining a positive attitude helps in overcoming workplace challenges.
저는 긍정적인 태도를 유지하는 것이 직장에서의 어려움을 극복하는데 도움이 된다는 것을 깨달았습니다.

I wrongly assumed that all team members had the same level of understanding of the project.
저는 모든 팀원들이 프로젝트에 대해 같은 수준의 이해도를 가지고 있다고 잘못 생각했습니다.

It happened that our key supplier suddenly went out of business, forcing us to find alternatives quickly.
저희의 주요 공급 업체가 폐업해서, 빠른 시일 내로 대안을 찾을 수밖에 없었습니다.

I was too hesitant to take risks back then, missing out on several opportunities.
저는 그 당시에 위험을 무릅쓰는 것이 망설여져, 여러 기회를 놓쳤습니다.

~했기 때문에 떠나야만 했습니다

I had to leave my previous job due to the company's relocation to another city.
저는 회사가 다른 도시로 옮겼기 때문에 이전 직장을 떠나야만 했습니다.

I had to leave my position to pursue further education in my field.
저는 제 분야에 대해 계속해서 공부하기위해 직장을 그만둬야만 했습니다.

I had to move for health reasons, which required a change in my work environment.
저는 건강상의 이유로 이사를 가야 했고, 그러려면 업무 환경을 바꿔야 했습니다.

I had to move to a new city for my spouse's job transfer, which led to my job change.
저는 배우자의 이직으로 새로운 도시로 이사를 가야 했고, 이로 인해 이직하게 되었습니다.

I had to step down as the team lead to focus on personal development.
저는 자기 개발에 더 집중하기 위해 팀장 자리에서 물러나야만 했습니다.

I had to resign because I was offered a position that aligned better with my career aspirations.
저는 제 커리어에 대한 포부에 더 잘 맞는 직무를 제안 받았기 때문에 그만둬야만 했습니다.

I had to depart due to organizational changes that affected my position.
저는 제 일에 영향을 주는 조직 변경으로 인해 떠나야만 했습니다.

필수 패턴

- ☐ **I worked at** 저는 ~에서 일했습니다
- ☐ **The job required me to**
  그 일은 저에게 ~을 요구했습니다
- ☐ **I did part-time work** 저는 아르바이트를 했습니다
- ☐ **I was an intern at** 저는 ~에서 인턴이었습니다
- ☐ **I managed** 저는 ~을 관리했습니다
- ☐ **I assisted** 저는 ~을 지원했습니다
- ☐ **I was able to** 저는 ~을 할 수 있었습니다
- ☐ **I was chosen as** 저는 ~로 선정되었습니다
- ☐ **I won** 저는 ~을 차지했습니다
- ☐ **I was pleased with** 저는 ~에 기뻤습니다
- ☐ **I took the initiative to**
  저는 주도적으로 ~에 기여했습니다

- ☐ **I learned that** 저는 ~을 배웠습니다
- ☐ **I realized that** 저는 ~을 깨달았습니다
- ☐ **I wrongly assumed that** 저는 ~을 잘못 생각했습니다
- ☐ **It happened** (어떠한) 일이 일어났습니다
- ☐ **I was too ~ back then** 저는 그 당시에 너무 ~했습니다
- ☐ **I had to leave** 저는 떠나야만 했습니다
- ☐ **I had to move** 저는 이사를 가야만 했습니다
- ☐ **I had to step down** 저는 물러나야만 했습니다
- ☐ **I had to resign** 저는 그만둬야만 했습니다
- ☐ **I had to depart** 저는 떠나야만 했습니다

핵심 표현

- ☐ **require** 요구하다
- ☐ **handle** 다루다, 처리하다
- ☐ **edit** 편집하다
- ☐ **exceptional** 우수한, 특출한
- ☐ **support** 지원하다
- ☐ **compelling** 눈을 뗄 수 없는, 눈길을 끄는
- ☐ **complete** 완성하다, 완료하다
- ☐ **outstanding** 뛰어난
- ☐ **annual** 연례의, 연간의
- ☐ **competition** 경쟁
- ☐ **executive** 경영진
- ☐ **conduct** 수행하다

- ☐ **crucial** 중요한
- ☐ **attitude** 태도
- ☐ **suddenly** 갑자기
- ☐ **out of business** 폐업한
- ☐ **hesitant** 망설이는, 주저하는
- ☐ **relocation** 이전, 이동
- ☐ **pursue** 계속하다
- ☐ **spouse** 배우자, 짝
- ☐ **align** 부합하다
- ☐ **aspiration** 열망, 포부
- ☐ **due to** ~때문에

연습 문제

주어진 우리말을 보고 빈칸을 채워 보세요.

1 I worked at City Bank, handling _____ _____ and _____
_____.
저는 시티 은행에서 고객 서비스와 금융 거래를 담당하는 일을 했습니다.

2 The job required me to _____ with clients and _____ their
satisfaction.
그 직무는 고객과 소통하고 그들의 만족을 보장할 것을 요구했습니다.

3 I did part-time work at a _____ _____, _____ social media
campaigns.
저는 마케팅 회사에서 소셜 미디어 캠페인을 지원하는 아르바이트를 했습니다.

4 I was an intern at OTM Finance, where I _____ with _____
_____.
저는 OTM 금융에서 인턴이었고, 재무 분석을 지원했습니다.

5 I won _____ from senior management for my _____ abilities.
저는 고위 임원진으로부터 문제 해결 능력을 인정받았습니다.

6 I was pleased with the _____ _____ from clients on our new service.
우리의 새로운 서비스가 고객으로부터 긍정적인 피드백을 받게 되어 기뻤습니다.

7 I realized that maintaining a _____ _____ helps in overcoming
workplace challenges.
저는 긍정적인 태도를 유지하는 것이 직장의 어려움을 극복하는 데 도움이 된다는 것을 깨달았습니다.

8 I had to step down as the team lead to focus on _____ _____.
저는 개인적인 개발에 집중하기위해 팀에서 물러나야 했습니다.

9 I had to resign from my job to _____ _____ a more _____ opportunity
elsewhere.
저는 다른 곳에서 더 도전적인 기회를 잡고자 그만둬야 했습니다.

1. I worked at City Bank, handling customer service and financial transactions.

2. The job required me to communicate with clients and ensure their satisfaction.

3. I did part-time work at a marketing firm, supporting social media campaigns.

4. I was an intern at OTM Finance, where I assisted with financial analysis.

5. I won recognition from senior management for my problem-solving abilities.

6. I was pleased with the positive feedback from clients on our new service.

7. I realized that maintaining a positive attitude helps in overcoming workplace challenges.

8. I had to step down as the team lead to focus on personal development.

9. I had to resign from my job to take up a more challenging opportunity elsewhere.

연습 문제

주어진 문장을 알맞게 영작해 보세요.

1   저는 다른 회사에서 더 높은 직책을 맡기 위해 제 직책을 떠나야 했습니다.

_____

2   저는 예상치 못한 개인 사정으로 인해 중간에 프로젝트를 중단해야 했습니다.

_____

3   저는 그 당시에 큰 그림을 보는 것보다 작은 세부 사항에 너무 신경을 썼습니다.

_____

4   저는 장시간 근무하면 생산성이 더욱 높아질 것이라고 잘못 생각했습니다.

_____

5   저는 변화에 빠르게 적응하면 팀 성과를 크게 향상시킬 수 있다는 것을 배웠습니다.

_____

6   저는 주도적으로 정기적인 팀 공동체 활동을 조직하여 사기를 북돋우는 데 앞장섰습니다.

_____

7   저는 국제 컨퍼런스에서 회사 대표로 선정되었습니다.

_____

8   저는 새로운 피드백 시스템을 시행함으로써 고객 만족도를 향상시킬 수 있었습니다.

_____

1. I had to depart from my role to accept a more senior position in another firm.

2. I had to leave the project midway because of unforeseen personal circumstances.

3. I was too concerned with minor details back then, rather than seeing the bigger picture.

4. I wrongly assumed that working longer hours would lead to higher productivity.

5. I learned that adapting to change quickly can significantly improve team performance.

6. I took the initiative to organize regular team-building activities, enhancing morale.

7. I was chosen as the company representative at an international conference.

8. I was able to improve customer satisfaction scores by implementing a new feedback system.

나만의 문장 만들기

앞서 배운 내용을 활용하여 나만의 문장을 만들어 보세요.

~업무를 했습니다

_____

_____

_____

~할 수 있었습니다, 성취했습니다

_____

_____

_____

~을 배웠습니다

_____

_____

_____

~했기 때문에 떠나야만 했습니다

_____

_____

_____

기술 및 능력

저는 ~분야에 폭넓은 지식을 가지고 있습니다

I have extensive knowledge in the field of marketing.
저는 마케팅 분야에 폭넓은 지식을 가지고 있습니다.

I possess a broad understanding of financial analysis.
저는 재무 분석에 대한 폭넓은 이해력을 가지고 있습니다.

I have a wide range of expertise in software development.
저는 소프트웨어 개발에 대한 다양한 전문 지식을 가지고 있습니다.

I have a deep knowledge of human resources practices.
저는 인사팀 업무에 대해 잘 알고 있습니다.

I am highly knowledgeable in data analytics.
저는 데이터 분석에 대한 지식이 매우 풍부합니다.

I have a thorough understanding of business operations.
저는 경영 활동에 대해 충분히 이해하고 있습니다.

저는 ~ 경력/이력이 있습니다

I have a background in software engineering.
저는 소프트웨어 공학 분야에 대한 경력이 있습니다.

I have a career in human resources management.
저는 인사 관리에 대한 경력이 있습니다.

I have worked in the field of data science for several years.
저는 데이터 과학 분야에서 수년간 근무하고 있습니다.

I have extensive experience in business development.
저는 영업 분야에서 많은 경험을 가지고 있습니다.

I have an accomplished career in human resources management, specializing in talent acquisition.
저는 인재 채용을 전문으로 하는 인사 관리 분야에서 뛰어난 성과를 이루어 냈습니다.

My professional experience encompasses a broad spectrum of roles in corporate communications, including crisis management and media relations.
저는 위기를 관리하고 언론과 소통하는 활동을 포함한 기업 커뮤니케이션 분야에서 다양한 역할을 담당했습니다.

~하기 때문에 제가 적임자입니다

I am the ideal candidate because of my extensive experience in project management.

저는 프로젝트 관리에 대한 다양한 경험을 가지고 있기 때문에 가장 적합한 지원자입니다.

I am the right candidate for this position because of my exceptional problem-solving abilities.

저는 뛰어난 문제 해결 능력을 가지고 있기 때문에 이 직무에 적합한 지원자입니다.

My expertise in software development qualifies me as the right person for this role.

저는 소프트웨어 개발에서의 전문 지식을 갖추고 있어 이 직무에 적합한 사람입니다.

My comprehensive understanding of financial markets makes me the ideal fit for this job.

저는 금융 시장에 대한 폭넓은 이해를 가지고 있어 이 일에 가장 적합한 사람입니다.

I am well-suited for this role due to my proven track record in sales and marketing.

저는 영업과 마케팅 분야에서 입증된 실적이 있기 때문에 이 직무에 가장 적합합니다.

~문제가 있었지만 ~게 해결했습니다

I was negotiating with a client when they raised a serious concern.

고객과 협상을 진행하던 중 고객이 심각한 우려를 제기했습니다.

There was a communication breakdown between the departments.

부서 간의 의사소통이 원활 하지 못했습니다.

There was a tight deadline that we had to meet despite numerous challenges.

우리는 많은 업무가 있음에도 불구하고 촉박한 마감 기한을 맞춰야 했습니다.

I almost decided to follow the standard procedure, but I realized a more innovative approach was needed.

저는 표준 절차를 따를 뻔했지만, 좀 더 획기적인 접근 방안이 필요하다는 것을 깨달았습니다.

But I quickly gathered the team to brainstorm and find a solution.

하지만 저는 빠르게 팀을 구성하여 의견을 내고 해결책을 찾았습니다.

I took a customer-centric approach to address the client's needs effectively.

저는 고객의 요구를 효과적으로 해결하기위해 고객 중심적인 접근 방법을 택했습니다.

The best way is to maintain clear and consistent communication throughout the problem-solving process.

가장 좋은 방법은 문제 해결 과정을 통해 명확하고 일관된 의사소통을 유지하는 것입니다.

필수 패턴

- [ ] I have extensive knowledge ~
  저는 ~에 폭넓은 지식을 가지고 있습니다

- [ ] I possess a broad understanding of ~
  저는 ~에 폭넓은 이해력을 가지고 있습니다

- [ ] I have a deep knowledge of ~
  저는 ~에 대해 잘 알고 있습니다

- [ ] I am highly knowledgeable ~
  저는 ~에 대한 지식이 풍부합니다

- [ ] I have a thorough understanding of ~
  저는 ~을 충분히 이해하고 있습니다

- [ ] I have a background in
  저는 ~에 대한 경력이 있습니다

- [ ] I have a career in 저는 ~에 대한 경력이 있습니다

- [ ] I have worked in the field of
  저는 ~분야에서 근무하고 있습니다

- [ ] I have extensive experience
  저는 많은 경험을 가지고 있습니다

- [ ] I am the ideal candidate because of
  저는 ~때문에 가장 적합한 지원자입니다

- [ ] I am the right candidate for
  저는 ~에 적합한 지원자입니다

- [ ] My expertise in ~ qualifies me
  as the right person for this role
  저는 ~전문 지식을 갖추고 있어 이 직무에 적합한 사람입니다

- [ ] My comprehensive understanding of ~
  makes me the ideal fit for this job
  저는 ~에 폭넓은 이해를 가지고 있어 이 일에 가장 적합한 사람입니다

- [ ] I am well-suited for this role due to
  저는 ~때문에 이 직무에 적합한 사람입니다

- [ ] I am proficient in 저는 ~에 능숙합니다

- [ ] I am competent in 저는 ~에 능숙합니다

- [ ] I am highly capable of 저는 ~에 매우 유능합니다

- [ ] I am effective at 저는 ~에 효과적입니다

- [ ] The best way is to 가장 좋은 방법은 ~입니다

핵심 표현

- [ ] extensive 폭넓은, 광범위한

- [ ] analytic 분석적인

- [ ] thorough 완전한, 철저한

- [ ] operation 활동

- [ ] date science 데이터 과학

- [ ] accomplish 달성하다

- [ ] acquisition 인수, 습득

- [ ] encompass (많은 것을) 포함하다

- [ ] broad spectrum 광범위

- [ ] crisis management 위기 관리

- [ ] exceptional 뛰어난, 우수한

- [ ] well-suited 적합한

- [ ] proven track 증명된 실적

- [ ] concern 걱정, 우려

- [ ] procedure 절차, 과정

- [ ] approach 접근

- [ ] effectively 효과적으로

- [ ] maintain 유지하다

연습 문제

주어진 우리말을 보고 빈칸을 채워 보세요.

1 I possess a broad understanding of _____ business practices and _____

   _____.

   저는 국제적 비즈니스 지침과 문화적 차이에 대한 폭넓은 이해를 가지고 있습니다.

2 I am highly knowledgeable about _____ _____ and their _____ on
   global markets.

   저는 경제 트렌드와 그것이 글로벌 시장에 미치는 영향에 대한 지식이 매우 풍부합니다.

3 I have a background in marketing, with a focus on _____ _____ and
   social media campaigns.

   저는 디지털 광고와 소셜 미디어 캠페인을 중심으로 하는 마케팅 분야에 경력이 있습니다.

4 I have extensive experience in customer service, ensuring _____ _____ and

   _____.

   저는 고객 서비스 분야에서 많은 경험을 가지고 있고, 고객 만족과 충성도를 보장합니다.

5 I am the ideal candidate because of my _____ _____ _____ in increasing
   sales and driving _____ _____.

   저는 매출 증가와 기업의 성장을 이끌었던 입증된 실적이 있기 때문에 가장 적합한 지원자입니다.

6 My expertise in _____ _____ and risk management _____ me
   as the right person for this role.

   저는 규정 준수와 위험 관리에 전문 지식을 갖추고 있어 이 직무에 적합한 사람입니다.

7 I took a _____ approach, involving all relevant departments to _____

   _____.

   저는 관련된 모든 부서를 참여시켜 지지를 보장하는 협력적인 접근 방식을 취했습니다.

1. I possess a broad understanding of international business practices and cultural differences.

2. I am highly knowledgeable about economic trends and their impact on global markets.

3. I have a background in marketing, with a focus on digital advertising and social media campaigns.

4. I have extensive experience in customer service, ensuring client satisfaction and loyalty.

5. I am the ideal candidate because of my proven track record in increasing sales and driving business growth.

6. My expertise in regulatory compliance and risk management qualifies me as the right person for this role.

7. I took a collaborative approach, involving all relevant departments to ensure alignment.

연습 문제

주어진 문장을 알맞게 영작해 보세요.

1   저는 시장 조사 방법론과 소비자 행동 분석에 대해 잘 알고 있습니다.

2   저는 생명 공학 분야에서 근무하고 있고, 건강 관리의 획기적인 해결책을 개발합니다.

3   저는 공급망 관리와 물류에 대한 실무 경험이 있기 때문에 이 일에 적합한 사람입니다.

4   저는 재무 모델링과 예측에 능숙하기 때문에 이 직무에 가장 적합합니다.

5   저는 기업 재정 및 예산 편성 과정에 대한 폭넓은 이해를 가지고 있어 이 일에 가장 적합한 사람입니다.

6   가장 좋은 방법은 처리할 수 있는 문제를 부분 별로 나누고 각각 해결하는 것입니다.

모범 답안

1. I have a deep knowledge of market research methodologies and consumer behavior analysis.
2. I have worked in the field of biotechnology, developing innovative solutions for healthcare.
3. I am the right candidate for this job because of my hands-on experience with supply chain management and logistics.
4. I am well-suited for this role due to my proficiency in financial modeling and forecasting.
5. My comprehensive understanding of corporate finance and budgeting processes makes me the ideal fit for this job.
6. The best way is to break down the problem into manageable parts and address each one.

나만의 문장 만들기

앞서 배운 내용을 활용하여 나만의 문장을 만들어 보세요.

저는 ~분야에 폭넓은 지식을 가지고 있습니다

_____

_____

_____

저는 ~ 경력/이력이 있습니다

_____

_____

_____

~하기 때문에 제가 적임자입니다

_____

_____

_____

~문제가 있었지만 ~게 해결했습니다

_____

_____

_____

Unit 11 기술 관련 자격 사항

저는 ~ 자격증을 취득했습니다

I am certified in Google Analytics.
저는 구글 애널리틱스 자격증을 취득했습니다.

I am a licensed Real Estate Agent.
저는 부동산 중개사 자격증을 취득했습니다.

I have achieved certification as an AWS Certified Solutions Architect.
저는 AWS 공인 솔루션스 아키텍트 자격증을 취득했습니다.

I have acquired a Certified Information Systems Security Professional (CISSP) credential.
저는 공인 정보 시스템 보안 전문가(CISSP) 자격증을 취득했습니다.

I hold a certification in Data Science from Coursera.
저는 코세라에서 데이터 과학 자격증을 취득했습니다.

저의 ~능력을 ~에 활용했습니다

I utilized my analytical skills to improve the company's data-driven decision-making processes.
저는 제 분석 능력을 활용하여 회사의 데이터 기반 의사 결정 과정을 개선했습니다.

I applied my project management abilities to streamline the workflow and increase team efficiency.
저는 제 프로젝트 관리 능력을 응용하여 작업 흐름을 간소화하고 팀의 효율을 높였습니다.

I used my problem-solving skills to resolve complex client issues quickly and effectively.
저는 제 문제 해결 능력을 활용하여 복잡한 고객 문제를 신속하고 효과적으로 해결했습니다.

I employed my technical knowledge to develop a new software application that enhanced productivity.
저는 제 기술적 지식을 활용하여 생산성을 향상시키는 새로운 소프트웨어 애플리케이션을 개발했습니다.

I implemented my financial expertise to optimize budget allocation and reduce costs.
저는 제 재무 전문 지식을 활용하여 최적화된 예산 배분과 비용 절감을 실현했습니다.

~을 통해 관련 기술을 익혔습니다

I acquired relevant skills through my previous work experience.
저는 이전 경험을 통해 관련된 기술을 익혔습니다.

I gained technical expertise through hands-on training sessions.
저는 실무 교육을 통해 기술적인 전문성을 습득했습니다.

I developed my skills through a series of professional workshops.
저는 일련의 전문적인 워크샵을 통해 기술을 발전시켰습니다.

I expanded my knowledge through collaboration with experienced colleagues.
저는 경험이 많은 동료들과 협업하여 지식을 넓혔습니다.

I built my skillset through targeted training programs and certifications.
저는 저에게 맞는 연수 프로그램과 자격증을 통해 다양한 능력을 키웠습니다.

~이 가장 어렵습니다

Meeting tight deadlines is the most difficult aspect of the job.
촉박한 마감 기한을 맞추는 것이 이 일에서 가장 어려운 측면입니다.

Managing multiple projects simultaneously is the hardest part.
다양한 프로젝트를 동시에 관리하는 것이 가장 힘든 부분입니다.

Ensuring consistent quality in deliverables is the most challenging task.
상품의 일관된 품질을 보장하는 것이 가장 어려운 작업입니다.

Balancing various stakeholder expectations is the most difficult part.
여러 주주들의 기대를 균형 있게 맞추는 것이 가장 어려운 부분입니다.

Handling high-pressure situations is the most challenging aspect.
압박이 심한 상황을 처리하는 것이 가장 어려운 측면입니다.

Navigating office politics is the most difficult part.
사무실 내의 정치적인 문제들을 처리하는 것이 가장 어려운 부분입니다.

Resolving conflicts between colleagues is the hardest aspect.
동료들 간의 갈등을 해결하는 것이 가장 힘든 측면입니다.

Building strong relationships with team members is the most challenging.
팀원들과 강한 유대감을 형성하는 것이 가장 어렵습니다.

필수 패턴

- [ ] I am certified in 저는 ~자격증을 취득했습니다
- [ ] I am a licensed 저는 ~자격증을 가지고 있습니다
- [ ] I have achieved certification as
  저는 ~자격증을 취득했습니다
- [ ] I have acquired ~ 저는 ~을 취득했습니다
- [ ] I hold a certification in
  저는 ~에서 자격증을 취득했습니다
- [ ] I employed my ~ knowledge to ~
  저는 ~지식을 ~에 활용했습니다
- [ ] I used my ~ skills to ~
  저는 ~능력을 ~에 활용했습니다
- [ ] I expanded my knowledge through ~
  저는 ~을 통해 지식을 넓혔습니다

- [ ] ~ is the most difficult aspect of the job
  ~은 일에서 가장 어려운 측면입니다
- [ ] ~ is the hardest part ~은 가장 힘든 부분입니다
- [ ] ~ is the most challenging task
  ~은 가장 어려운 작업입니다
- [ ] ~ is the most difficult part
  ~은 가장 어려운 부분입니다
- [ ] ~ is the most challenging aspect
  ~은 가장 어려운 측면입니다
- [ ] ~ is the most difficult part ~은 가장 어려운 부분입니다
- [ ] ~ is the hardest aspect ~은 가장 힘든 측면입니다
- [ ] ~ is the most challenging ~은 가장 어렵습니다

핵심 표현

- [ ] certify 증명하다
- [ ] licensed 자격증을 소지한
- [ ] acquire 취득하다, 얻다
- [ ] credential 자격증을 수여하다
- [ ] utilize 활용하다, 이용하다
- [ ] analytical 분석적인
- [ ] data-driven 데이터에 따라 처리하는
- [ ] decision-making process 의사 결정 과정
- [ ] streamline 간소화하다
- [ ] team efficiency 팀 효율
- [ ] problem-solving skill 문제 해결 능력
- [ ] enhance 높이다, 향상시키다

- [ ] productivity 생산성
- [ ] implement 시행하다
- [ ] optimize ~을 최적화하다
- [ ] allocation 배분, 할당
- [ ] relevant 관련된
- [ ] colleague 동료
- [ ] skillset 다양한 능력
- [ ] aspect 측면, 부분
- [ ] simultaneously 동시에
- [ ] consistent quality 일관된 품질
- [ ] resolve 해결하다

연습 문제

주어진 우리말을 보고 빈칸을 채워 보세요.

1   I have achieved certification as a _____ _____, proficient in _____ raw data into _____ insights.

저는 데이터 분석가 자격증을 취득했으며, 원시 데이터를 실행 가능한 인사이트로 전환하는데 능숙합니다.

2   I employed my engineering knowledge to _____ manufacturing processes, _____ _____ and improving efficiency.

저는 제 공학 지식을 활용하여 제조 과정을 최적화했고, 비용 절감과 효율성을 향상시켰습니다.

3   I expanded my knowledge through _____ learning in cybersecurity, focusing on threat _____ and prevention.

저는 위협 탐지와 예방을 중심으로 사이버 보안에 대한 지속적인 학습을 통해 지식을 넓혔습니다.

4   Balancing _____ _____ is the _____ part.

촉박한 마감 기한을 균형 있게 맞추는 것은 가장 힘든 부분입니다.

5   Maintaining _____ _____ during _____ periods is the most difficult part of management.

스트레스가 많은 기간 동안 팀의 사기를 유지하는 것은 경영에서 가장 어려운 부분입니다.

6   Navigating _____ _____ is the hardest aspect of the job.

규정 준수를 다루는 것은 이 일에서 가장 힘든 측면입니다.

7   _____ tasks in a _____ environment is the most challenging.

빠르게 진행되는 환경 속에서 작업의 우선 순위를 정하는 것은 가장 어렵습니다.

1. I have achieved certification as a data analyst, proficient in transforming raw data into actionable insights.

2. I employed my engineering knowledge to optimize manufacturing processes, reducing costs and improving efficiency.

3. I expanded my knowledge through continuous learning in cybersecurity, focusing on threat detection and prevention.

4. Balancing tight deadlines is the hardest part.

5. Maintaining team morale during stressful periods is the most difficult part of management.

6. Navigating regulatory compliance is the hardest aspect of the job.

7. Prioritizing tasks in a fast-paced environment is the most challenging.

연습 문제

주어진 문장을 알맞게 영작해 보세요.

1   저는 프로젝트 관리에 대한 자격증을 취득했으며, 복잡한 프로젝트를 효율적이고 때에 맞춰 전달할 것을 보장합니다.

_____

2   저는 검색엔진 최적화(SEO)와 컨텐츠 전략을 전문으로 하는 디지털 마케팅 자격증을 가지고 있습니다.

_____

3   저는 재무 분석과 특히 예산 책정과 예측에 대한 숙련된 기술을 습득했습니다.

_____

4   고객의 요구를 관리하는 것은 이 일에서 가장 어려운 측면입니다.

_____

5   저는 그래픽 디자인 기술을 활용하여 시각적으로 눈길을 끌고 사용하기 쉬운 인터페이스를 만들었습니다.

_____

6   데이터 정확도를 보장하는 것은 이 과정에서 가장 어려운 부분입니다.

_____

7   빠르게 변화하는 기술에 발 맞추는 것은 가장 어려운 작업입니다.

_____

1. I am certified in project management, ensuring efficient and timely delivery of complex projects.

2. I hold a certification in digital marketing, specializing in SEO and content strategy.

3. I have acquired advanced skills in financial analysis, particularly in budgeting and forecasting.

4. Managing client expectations is the most difficult aspect of the job.

5. I used my graphic design skills to create visually compelling and user-friendly interfaces.

6. Ensuring data accuracy is the most difficult part of the process.

7. Keeping up with rapid technological changes is the most challenging task.

나만의 문장 만들기

앞서 배운 내용을 활용하여 나만의 문장을 만들어 보세요.

저는 ~ 자격증을 취득했습니다

_____

_____

_____

저의 ~능력을 ~에 활용했습니다

_____

_____

_____

~을 통해 관련 기술을 익혔습니다

_____

_____

_____

~이 가장 어렵습니다

_____

_____

_____

목표 및 포부

Unit 12 목표 및 포부

목표 및 포부

~하여 (이 회사에) 지원하게 되었습니다

I applied here due to the company's strong commitment to employee well-being and work-life balance.
저는 직원 복지와 워라밸을 보장하는 이 회사에 지원했습니다.

I was drawn to this company because of its collaborative and inclusive work culture.
저는 이 회사의 협력하고 포용하는 사내 문화에 끌렸습니다.

I chose to apply to this organization because of its dedication to corporate social responsibility.
저는 기업의 사회적 책임에 대한 헌신 때문에 이 회사에 지원하기로 결정했습니다.

I was inspired to apply here due to the positive feedback from current and former employees about the work environment.
저는 현재 재직중이거나 퇴사한 직원들로부터 근무 환경에 대한 긍정적인 의견을 듣고 이 곳에 지원하게 되었습니다.

새로운 직업 기회를 찾고 있습니다

I am seeking out new job opportunities.
저는 새로운 일자리를 찾고 있습니다.

I left my previous company to pursue new challenges.
저는 새로운 도전을 하기 위해 이전 회사를 퇴사했습니다.

I felt a strong urge to expand my skill set and explore different industries.
저는 다양한 능력을 펼치고 다른 산업들을 탐색하고 싶은 생각이 강하게 들었습니다.

I am leaving to find a role that aligns better with my career goals.
저는 제 목표에 더 잘 맞는 직무를 찾기 위해 떠날 예정입니다.

I would like to work in an environment that fosters growth and innovation.
저는 성장과 혁신을 조성하는 환경에서 일하고 싶습니다.

I had to leave because I felt my professional development was stagnating.
저는 제 전문성 개발이 정체되어 있다고 느꼈기 때문에 퇴사해야 했습니다.

이 회사는 ~합니다

The company offers a dynamic work environment that fosters creativity and innovation.
이 회사는 창의성과 혁신을 실현하는 역동적인 근무 환경을 제공합니다.

I've always desired to work with an organization that prioritizes sustainability and social responsibility.
저는 항상 지속 가능성과 사회적 책임을 우선시하는 조직에서 일하고 싶었습니다.

The organization is acclaimed for its inclusive and supportive workplace culture.
이 회사는 포용적이고 지지하는 사내 문화로 호평을 받고 있습니다.

I've always wanted to contribute my skills to a forward-thinking and innovative company.
저는 항상 미래 지향적이고 획기적인 회사에 제 능력을 기여하고 싶었습니다.

~이 제 목표는 ~입니다

In the short term, I would like to gain practical experience.
단기적으로는 저는 실무 경험을 쌓고 싶습니다.

My long-term goal is to become an industry expert.
저의 장기 목표는 업계 전문가가 되는 것입니다.

To be at the top, I will enhance my skills continuously.
최고가 되기 위해, 저는 지속적으로 능력을 향상시킬 것입니다.

In the very short term, I plan to take on challenging assignments.
매우 단기적으로는 저는 도전적인 업무를 맡을 계획입니다.

In five years, I see myself in a leadership position.
5년 후에 저는 리더의 위치에 있을 것이라고 생각합니다.

To achieve my goal, I will focus on continuous learning.
목표를 달성하기 위해서 저는 끊임없이 학습에 집중할 것입니다.

My ultimate dream is to make a significant impact through my work.
저의 최종 꿈은 제 일을 통해 중요한 영향을 미치는 것입니다.

It would be great to work at Google, where I can contribute to innovative projects and advance my career.
획기적인 프로젝트에 기여하고 경력을 발전시킬 수 있는 구글에서 근무할 수 있다면 좋을 것 같습니다.

필수 패턴

☐ **I applied here due to** 저는 ~때문에 이곳에 지원했습니다

☐ **I was drawn to this company because of** 저는 ~때문에 이 회사가 끌렸습니다

☐ **I chose to apply to this organization because of** 저는 ~때문에 이 회사에 지원하기로 결정했습니다

☐ **I was inspired to apply here due to** 저는 ~때문에 영감을 받아 지원했습니다

☐ **I am seeking out new job opportunities** 저는 새로운 일자리를 찾고 있습니다

☐ **I left my previous company to pursue new challenges** 저는 새로운 도전을 하기 위해 이전 회사를 퇴사했습니다

☐ **I felt a strong urge to expand my skill set and explore different industries**
저는 다양한 능력을 펼치고 다른 산업들을 탐색하고 싶은 생각이 강하게 들었습니다

☐ **I am leaving to find a role that aligns better with my career goals**
저는 제 목표에 더 잘 맞는 직무를 찾기 위해 떠날 예정입니다

☐ **I would like to work in an environment that fosters growth and innovation**
저는 성장과 혁신을 조성하는 환경에서 일하고 싶습니다

☐ **I had to leave because I felt my professional development was stagnating**
저는 제 전문성 개발이 정체되어 있다고 느꼈기 때문에 퇴사해야 했습니다

☐ **The company offers ~** 이 회사는 ~을 제공합니다

☐ **I've always desired to work with ~** 저는 항상 ~에서 일하고 싶었습니다

☐ **The organization is acclaimed for ~** 이 회사는 ~로 호평을 받고 있습니다

☐ **I've always wanted to contribute** 저는 항상 ~에 기여하고 싶었습니다

☐ **The company can support** 이 회사는 지지할 수 있습니다

☐ **In the short term, I would like to gain ~ experience** 단기적으로는, ~한 경험을 쌓고 싶습니다

☐ **My long-term goal is to become a ~ expert** 저의 장기 목표는 ~전문가가 되는 것입니다

☐ **To be at the top, I will ~** 최고가 되기 위해, 저는 ~할 것입니다

☐ **In the very short term, ~** 매우 단기적으로는, ~

☐ **In five years, I see myself ~** 5년 후에, 저는 ~에 있을 거라고 생각합니다

☐ **To achieve my goal, I will focus on ~** 목표를 달성하기 위해서, 저는 ~에 집중할 것입니다

☐ **My ultimate dream is to ~** 저의 최종 꿈은 ~

☐ **It would be great to work at ~, where I can ~** 제가 ~할 수 있는 곳에서 근무하면 좋을 것 같습니다

핵심 표현

- ☐ **commitment** 약속
- ☐ **work-life balance** 워라밸, 일과 생활의 균형
- ☐ **be drawn to** (마음이) 끌리다
- ☐ **collaborative** 협력적인
- ☐ **inclusive** 포용하는, 포괄적인
- ☐ **work culture** 사내 문화
- ☐ **dedication** 헌신, 전념
- ☐ **corporate** 기업의, 회사의
- ☐ **work environment** 근무 환경
- ☐ **seek out** ~을 찾아내다
- ☐ **pursue** 해 나가다, 추구하다

- ☐ **expand** 펼치다, 확장하다
- ☐ **align** 부합하다
- ☐ **foster** 조성하다, 조장하다
- ☐ **prioritize** 우선순위를 매기다
- ☐ **sustainability** 지속 가능성
- ☐ **be acclaim for** ~로 호평을 받다
- ☐ **forward-thinking** 미래 지향적인
- ☐ **enhance** 향상시키다
- ☐ **expert** 전문가
- ☐ **ultimate** 최종적인
- ☐ **stagnating** 정체되어 있는

연습 문제

주어진 우리말을 보고 빈칸을 채워 보세요.

1 I chose to apply to this organization because of its _____ _____ in the tech industry.

저는 기술 분야에서 기업의 선도적인 위치 때문에 이 회사에 지원하기로 결정했습니다.

2 I was inspired to apply here due to the company's focus on _____ _____ and _____ learning.

저는 이 회사가 최첨단 기술과 지속적인 학습에 중점을 두고 있기 때문에 이 곳에 지원하게 되었습니다.

3 I am seeking out new job opportunities to _____ myself and grow _____.

저는 스스로 도전하고 전문적으로 성장할 수 있는 새로운 일자리를 찾고 있습니다.

4 I left my previous company to pursue _____ _____ and _____ my expertise.

저는 새롭게 도전하고 전문 지식을 넓히기 위해 이전 회사를 퇴사했습니다.

5 I am leaving to find a role that _____ better with my _____ career goals.

저는 제 장기 목표에 더 잘 맞는 직무를 찾기 위해 떠날 예정입니다.

6 I would like to work in an environment that fosters _____ and _____, where I can _____ learn.

저는 제가 지속적으로 배울 수 있는 성장과 혁신을 조성하는 환경에서 일하고 싶습니다.

7 The company offers opportunities to _____ _____ innovative projects that _____ me.

이 회사는 제가 흥미를 느끼는 획기적인 프로젝트에 참여할 기회를 제공합니다.

8 I've always wanted to contribute to a company that values _____ and _____.

저는 항상 창의성과 미래 지향적인 생각을 중시하는 회사에 기여하고 싶었습니다.

9　In the short term, I would like to gain ＿＿＿＿＿＿ ＿＿＿＿＿＿ in project
　management.
단기적으로는 저는 프로젝트 관리 분야에서 실무 경험을 쌓고 싶습니다.

10　My long-term goal is to become a ＿＿＿＿＿＿ ＿＿＿＿ in ＿＿＿＿＿
　＿＿＿＿＿＿.
저의 장기 목표는 디지털 마케팅 분야에서 인정받는 전문가가 되는 것입니다.

11　To be at the top, I will continuously ＿＿＿＿＿ my skills and ＿＿＿＿ ＿＿＿＿＿
　with industry trends.
최고가 되기 위해, 저는 지속적으로 제 능력을 향상시키고 업계 트렌드를 파악할 것입니다.

12　To achieve my goal, I will focus on ＿＿＿＿＿＿ my leadership skills and
　＿＿＿＿＿＿ my technical knowledge.
목표를 달성하기 위해서 저는 제 리더십 능력을 발전시키고 기술적 지식을 넓히는데 집중할 것입니다.

모범 답안

1. I chose to apply to this organization because of its leading position in the tech industry.
2. I was inspired to apply here due to the company's focus on cutting-edge technology and continuous learning.
3. I am seeking out new job opportunities to challenge myself and grow professionally.
4. I left my previous company to pursue new challenges and broaden my expertise.
5. I am leaving to find a role that aligns better with my long-term career goals.
6. I would like to work in an environment that fosters growth and innovation, where I can continuously learn.
7. The company offers opportunities to work on innovative projects that excite me.
8. I've always wanted to contribute to a company that values creativity and forward-thinking.
9. In the short term, I would like to gain hands-on experience in project management.
10. My long-term goal is to become a recognized expert in digital marketing.
11. To be at the top, I will continuously improve my skills and stay updated with industry trends.
12. To achieve my goal, I will focus on developing my leadership skills and expanding my technical knowledge.

연습 문제

주어진 문장을 알맞게 영작해 보세요.

1   저는 이 회사가 지속 가능성을 중시하고 긍정적인 영향을 미친다는 점에서 끌렸습니다.

_____

2   저는 혁신과 직원 개발에 대해 좋은 평판을 가진 이 회사에 지원했습니다.

_____

3   저는 제 경력을 향상시키기 위해 다양한 능력을 펼치고 다른 산업들을 탐색하고 싶은 생각이 강하게 들었습니다.

_____

4   저는 항상 유의미한 해결책을 만드는 데 열정적인 팀에서 일하고 싶었습니다.

_____

5   이 회사는 지속적인 학습과 개발의 기회를 제공함으로써 제 커리어 성장을 지원할 수 있습니다.

_____

6   이 회사는 직원 중심의 문화와 뛰어난 헌신으로 호평을 받고 있습니다.

_____

7   5년 후에, 저는 회사 내에서 팀을 이끌고 영향력 있는 프로젝트를 맡을 것이라고 생각합니다.

_____

8   매우 단기적으로는 저의 새로운 팀과 강한 유대감을 쌓는 것을 목표로 합니다.

_____

9   최첨단 프로젝트에 기여하고 전문적으로 성장할 수 있는 이 회사에서 근무할 수 있다면 좋을 것 같습니다.

10   저의 최종 꿈은 사람들의 삶에 실질적인 변화를 가져오는 획기적인 해결책을 만드는 것입니다.

모범 답안

1.   I was drawn to this company because of its commitment to sustainability and making a positive impact.

2.   I applied here due to the company's strong reputation for innovation and employee development.

3.   I felt a strong urge to expand my skill set and explore different industries to enhance my career.

4.   I've always desired to work with a team that is passionate about creating meaningful solutions.

5.   The company can support my career growth by providing opportunities for continuous learning and development.

6.   The organization is acclaimed for its employee-centric culture and commitment to excellence.

7.   In five years, I see myself leading a team and driving impactful projects within the organization.

8.   In the very short term, I aim to build strong relationships with my new team.

9.   It would be great to work at this company, where I can contribute to cutting-edge projects and grow professionally.

10. My ultimate dream is to create innovative solutions that make a real difference in people's lives.

나만의 문장 만들기

앞서 배운 내용을 활용하여 나만의 문장을 만들어 보세요.

~하여 (이 회사에) 지원하게 되었습니다

_____

_____

_____

새로운 직업 기회를 찾고 있습니다

_____

_____

_____

이 회사는 ~합니다

_____

_____

_____

제 목표는 ~입니다

_____

_____

_____

커버레터

커버레터는 채용 담당자에게 이력서와 함께 동봉하여 보내는 편지로, 우리나라 기업에서 주로 요구하는 자기소개서와 비슷합니다. 커버레터는 이력서의 표지 역할을 하여 채용 담당자가 이력서를 열람하기 전 처음으로 지원자에 대해 보는 서류로, 신입 지원자는 지원하는 분야와 관련된 학업 및 대외 활동 경험을 바탕으로 지원하는 직책에 대한 관심과 열정을 보여주는 것이 좋습니다.

Dear Hiring Manager,

I am excited to apply for the Marketing Assistant position at Gradience Marketing Solutions. My academic background and strong work ethic make me confident in my ability to contribute to your team.

I earned my bachelor's degree in marketing from the University of Toronto, focusing on digital marketing, consumer behavior, and brand management. My coursework and projects have provided me with both theoretical knowledge and practical experience.

As the public relations officer for my university's graphic design club, I increased membership by 25%, developing skills in social media management, content creation, and data analysis. This role taught me to create content that resonates with diverse audiences.

I am proficient in Google Analytics, Adobe Suite, and SEO tools, with strong organizational and communication skills. I thrive in new environments and am eager to bring fresh, creative ideas to your team.

I am particularly drawn to Gradience Marketing Solutions for its innovative campaigns. I look forward to discussing how I can contribute. You can reach me at 010-1234-5678 or hayleywilliams@gmail.com.

Sincerely,
Hayley Williams

채용 관리자님께,

그라디언스 마케팅 솔루션의 마케팅 어시스턴트 직책에 지원하게 되어 기쁩니다. 저의 학문적 배경과 강한 직업 윤리는 제가 귀사의 팀에 효과적으로 기여할 수 있다고 확신합니다.

— 도입부
• 지원하는 직책 명확하게 기재
• 팀에 기여할 수 있는 점 강조

저는 최근 토론토 대학교에서 마케팅 학사 학위를 받았으며, 디지털 마케팅, 소비자 행동, 브랜드 관리에 중점을 두고 마케팅 원칙에 대한 탄탄한 기초를 다졌습니다. 교과 과정과 실습 프로젝트를 통해 이론적 지식과 실무 경험을 모두 갖추게 되었습니다.

과외 활동을 통해 소셜 미디어 관리, 콘텐츠 제작, 데이터 분석에 대한 기술을 연마했습니다. 대학 그래픽 디자인 동아리의 홍보 담당자로서 회원 수를 25% 늘리면서 다양한 청중이 공감할 수 있는 매력적인 콘텐츠를 만드는 방법을 배웠습니다.

저는 구글 애널리틱스, 어도비 스위트, 검색 엔진 최적화(SEO) 툴에 능숙하며 조직력과 커뮤니케이션 능력이 뛰어납니다. 저는 새로운 환경에서 잘 적응하며 팀에 신선하고 창의적인 아이디어를 제공하고자 합니다.

— 본론
• 학업/전공과 지원하는 분야를 연관지어 설명
• 지원하는 분야와 관련된 대외 활동 혹은 유사 경험 기재
• 활용 가능한 업무 툴과 본인의 강점 강조

특히 혁신적인 캠페인과 업계에서 리더십을 발휘하는 그라디언스 마케팅 솔루션에 매력을 느낍니다. 여러분의 팀에 어떻게 기여할 수 있을지 논의할 수 있기를 기대합니다. 010-1234-5678 또는 hayleywilliams@gmail.com으로 연락주세요.

진심을 담아서,
헤일리 윌리엄스

— 마무리
• 지원 동기와 열정 다시 한 번 강조
• 연락 가능한 전화번호 및 이메일 등 기재

도입부-지원하는 직무, 지원하게 된 이유

I am excited to apply for the Marketing Assistant position at ATL Marketing Solutions, a role that aligns perfectly with my passion for digital marketing and my academic background in Marketing.

디지털 마케팅에 대한 저의 열정과 마케팅에 대한 저의 학문적 배경이 완벽하게 일치하는 ATL 마케팅 솔루션의 마케팅 어시스턴트 직책에 지원하게 되어 기쁩니다.

어휘 align with ~와 일치하는 passion 열정

As a recent graduate in Marketing from University of Texas, I am excited to apply for the Marketing Assistant position at Violet Marketing Solutions, where I can bring my knowledge and creativity to your dynamic team.

최근 텍사스 대학교에서 마케팅을 전공한 저는 역동적인 팀에 저의 지식과 창의성을 제공할 수 있는 바이올렛 마케팅 솔루션의 마케팅 어시스턴트 직책에 지원하게 되어 기쁩니다.

어휘 apply for ~에 지원하다 bring 제공하다, 가져오다 creativity 창의성

I am thrilled to apply for the Marketing Assistant position at APEX Marketing Solutions, as I am drawn to the opportunity to work with an industry leader in innovative marketing strategies.

혁신적인 마케팅 전략의 업계 리더와 함께 일할 수 있는 기회에 매력을 느껴 에이펙스 마케팅 솔루션의 마케팅 어시스턴트 직책에 지원하게 되어 매우 기쁩니다.

어휘 be drawn to ~에 매력을 느끼다 industry 업계, 산업 innovative 혁신적인 strategy 전략, 계획

The Marketing Assistant position at Visionary Marketing Solutions caught my attention because of the company's commitment to creative and data-driven marketing campaigns, and I am eager to bring my skills in social media management to your team.

비저너리 마케팅 솔루션의 마케팅 어시스턴트 직책은 창의적이고 데이터 기반 마케팅 캠페인에 대한 회사의 노력 때문에 제 관심을 끌었으며, 소셜 미디어 관리 분야에서 제가 가진 기술을 귀사의 팀에 제공하고 싶습니다.

어휘 catch one's attention ~의 관심을 끌다 commitment 노력, 헌신 data-driven 데이터 기반의

본론-학업, 전공, 대외 활동, 강점

During my internship at Journey Marketing Agency, I gained hands-on experience in social media strategy development, where I successfully increased follower engagement by 25% over three months, which I believe will be valuable in the Marketing Assistant role.

저니 마케팅 에이전시에서 인턴십을 하는 동안 소셜 미디어 전략 개발에 대한 실무 경험을 쌓았고, 3개월 동안 팔로워 참여를 25% 증가시키는 데 성공했으며, 이는 마케팅 어시스턴트 역할에서 유익할 것이라고 생각합니다.

어휘 hands-on experience 실무 경험 engagement 참여, 관여 valuable 유익한, 소중한

My coursework in Digital Marketing and my involvement in the University Marketing Club have equipped me with a solid understanding of SEO and social media management, which I am eager to apply at NHC Marketing Solutions.

디지털 마케팅을 전공하고 대학 마케팅 클럽에 참여하면서 검색 엔진 최적화(SEO)와 소셜 미디어 관리에 대한 탄탄한 이해도를 갖추게 되었으며, 이를 NHC 마케팅 솔루션에 적용하고 싶습니다.

어휘 coursework 전공, 수업 내용 involvement 참여, 관여 equip with ~을 갖추게 하다

I have a proven track record of developing engaging marketing campaigns, demonstrated by my role in creating a successful university-wide campaign that increased event attendance by 30%, which I am confident will allow me to contribute effectively to NHC Marketing Solutions' brand awareness goals.

저는 매력적인 마케팅 캠페인을 개발하는 데 있어 입증된 실적을 보유하고 있으며, 이는 행사 참석률을 30% 증가시킨 성공적인 대학 전체 캠페인을 만드는 데 있어 저의 역할로 입증되었으며, 이를 통해 NHC 마케팅 솔루션의 브랜드 인지도 목표에 효과적으로 기여할 수 있을 것이라고 확신합니다.

어휘 proven track 입증된 실적 attendance 참석률 contribute 기여하다 effectively 효과적으로 brand awareness 브랜드 인지도

My experience in digital marketing has developed my ability to analyze consumer data and develop targeted marketing strategies, allowing me to optimize campaigns for maximum ROI, which I believe will be an asset to your team at Prime Marketing Solutions.

디지털 마케팅 분야에서 쌓은 경험을 통해 소비자 데이터를 분석하고 타겟 마케팅 전략을 개발하는 능력을 키웠고 캠페인을 최적화하여 투자수익률(ROI)을 극대화할 수 있었으며, 이는 프라임 마케팅 솔루션의 팀에 자산이 될 것이라고 믿습니다.

어휘 ability 능력 analyze 분석하다 optimize 최적화하다, 최대한 활용하다 asset 자산

마무리-지원동기, 열정 다시 한 번 강조, 연락처 기재

I am eager to discuss **how my background and skills can** contribute to **the success of LHF Marketing Solutions and** look forward to **the opportunity to speak with you further.** Thank you for considering my application.

저의 배경과 기술이 LHF 마케팅 솔루션의 성공에 어떻게 기여할 수 있는지 논의하고 싶고, 여러분과 더 많은 이야기를 나눌 수 있기를 기대합니다. 저의 지원서를 검토해 주셔서 감사합니다.

> **어휘**   **be eager to** ~하고 싶다   **contribute to** ~에 기여하다   **consider** 고려하다, 생각하다

I am excited about the possibility of **contributing to GloBiz Marketing Solutions's innovative projects and am eager to further discuss how I can support your team's goals.** Thank you for your time and consideration.

글로비즈 마케팅 솔루션의 혁신적인 프로젝트에 기여할 수 있는 가능성에 대해 기대가 크며 귀사의 목표를 지원할 수 있는 방법에 대해 더 자세히 논의하고 싶습니다. 시간과 배려에 감사드립니다.

> **어휘**   **possibility** 가능성   **further** 더 (자세히, 깊이)

I look forward to the possibility of **bringing my skills and enthusiasm to Forge Marketing Solutions and am available for an interview** at your earliest convenience. Thank you for reviewing my application.

제 기술과 열정을 포지 마케팅 솔루션에 쏟을 수 있기를 기대하며 최대한 빠른 시일 내에 인터뷰에 응할 수 있기를 바랍니다. 제 지원서를 검토해 주셔서 감사합니다.

> **어휘**   **look forward to** ~을 기대하다   **enthusiasm** 열정   **at your earliest convenience** 최대한 빠른 시일 내에

I am confident that **my skills and experiences** align well with **the needs of OTM Marketing Solutions, and I would welcome the opportunity to further discuss how I can** contribute to **your future success.** Thank you for considering my application.

저의 기술과 경험이 OTM 마케팅 솔루션의 요구 사항과 잘 부합한다고 확신하며, 향후 귀사의 성공에 기여할 수 있는 방법에 대해 논의할 수 있는 기회를 환영합니다. 제 지원을 검토해 주셔서 감사합니다.

> **어휘**   **confident** 확신하는, 자신감 있는   **align with** ~에 부합하다   **opportunity** 기회

나만의 커버레터 만들기

앞서 배운 내용을 활용하여 나만의 커버레터를 작성해 보세요.

Dear Hiring Manager,

경력직 지원자는 지원하는 분야에 관련된 이전 업무 경력과 이전 직장에서의 성공 경험 기술에 중점을 두어 커버레터를 작성합니다. 특히 성공 경험은 구체적이고 객관적인 수치와 함께 작성하면 신뢰도를 높일 수 있습니다.

Dear Hiring Manager,

I am excited to apply for the Marketing Manager position at Paxton Electronics. With over four years of experience and a proven track record in managing successful multi-channel campaigns, I am confident in my ability to contribute to your team.

In my previous role as Marketing Coordinator at Azalea & Grace Fashion, I developed strategies that increased our consumer base by 30% and boosted annual revenue by 8%. I led the digital marketing sector, focusing on content creation, SEO, and customer engagement, with a data-driven approach to maximize ROI.

My strengths include a deep understanding of consumer behavior, proficiency in CRM tools, and the ability to lead dynamic team projects. My experience in data analysis and market research further enhances my marketing expertise, preparing me for greater responsibility.

I am particularly drawn to Paxton Electronics for its commitment to high-quality products and sustainability, aligning with my own values. I am eager to contribute to expanding Paxton Electronics' reputation as a leader in tech.

I look forward to discussing how I can contribute. Please contact me at 010-1234-5678 or jesshwang1324@gmail.com.

Sincerely,

Jess Hwang

채용 관리자님께,

팩스턴 일렉트로닉스의 마케팅 매니저 직책에 지원하게 되어 기쁩니다. 4년 이상의 경험과 성공적인 멀티채널 캠페인 관리에 대한 입증된 실적을 바탕으로 귀사의 팀에 기여할 수 있다고 확신합니다.

이전에는 아잘레아와 그레이스 패션에서 마케팅 코디네이터로 근무하면서 소비자 기반을 30% 늘리고 연간 매출을 8% 향상시키는 전략을 개발했습니다. 저는 디지털 마케팅 부문을 이끌며 콘텐츠 제작, 검색 엔진 최적화(SEO), 고객 참여에 중점을 두고 데이터 기반 접근 방식을 통해 투자수익률(ROI)을 극대화했습니다.

저의 강점으로는 소비자 행동에 대한 깊은 이해, 고객 관계 관리(CRM) 도구에 대한 능숙함, 역동적인 팀 프로젝트를 이끌 수 있는 능력이 있습니다. 데이터 분석 및 시장 조사 경험은 마케팅 전문성을 더욱 강화하여 더 큰 책임을 맡을 수 있게 되었습니다.

특히 고품질 제품과 지속 가능성을 위해 노력하는 팩스턴 일렉트로닉스의 가치에 매료되었으며, 이는 제가 추구하는 가치와도 일치합니다. 기술 분야의 리더로서 팩스턴 일렉트로닉스의 명성을 확장하는 데 기여하고 싶습니다.

제가 어떻게 공헌할 수 있을지 논의할 수 있기를 기대합니다. 010-1234-5678 또는 jesshwang1324@gmail.com 으로 연락주시기 바랍니다.

감사합니다,
제스 황

도입부
- 지원하는 직책 명확하게 기재
- 이전 경력과 성공 경험을 바탕으로 팀에 기여할 수 있는 점 강조

본론
- 구체적인 수치와 함께 지원하는 직책에 연관된 이전 직장에서의 성공 경험 자세히 기재
- 지원하는 직책과 관련된 업무 툴 및 본인의 업무 역량 강조

마무리
- 지원하는 회사와 본인의 업무 지향성 및 가치관이 일치하는 점 강조
- 연락 가능한 전화번호 및 이메일 등 기재

도입부-지원하는 직무, 이전 경력과 경험 강조

I am excited to apply for **the Marketing Manager position at Silver Electronics,** where I can leverage **my five years of experience in digital marketing and campaign management to** contribute to **your company's innovative** approach to **consumer electronics.**

디지털 마케팅 및 캠페인 관리 분야에서 쌓은 5년간의 경험을 바탕으로 영향을 미치고 귀사의 혁신적인 가전 제품 접근 방식에 기여할 수 있는 실버 일렉트로닉스의 마케팅 매니저 직책에 지원하게 되어 매우 기쁩니다.

어휘 **leverage** 영향을 미치다 **approach** 접근 방법, 접근

With a passion for **driving impactful marketing strategies and a** proven track record **in enhancing** brand visibility, **I am eager to apply for the Marketing Manager role at NCB Electronics.**

영향력 있는 마케팅 전략 추진에 대한 열정과 브랜드 가시성 향상에 있어서의 입증된 실적을 바탕으로 NCB Electronics의 마케팅 매니저 직책에 지원하고자 합니다.

어휘 **enhance** 향상시키다 **visibility** 가시성, 눈에 잘 보임

I am writing to express my interest in **the Marketing Manager position at Hathaway Electronics, motivated by your company's** commitment **to innovation and my own background in creating data-driven marketing strategies that deliver results.**

해서웨이 일렉트로닉스의 마케팅 매니저 직책에 관심을 표하고자 이 글을 쓰며, 귀사의 혁신에 대한 노력과 결과를 도출하는 데이터 기반 마케팅 전략을 수립한 저의 배경에 동기를 부여받았습니다.

어휘 **express one's interest** ~에 관심을 표하다 **motivate** 동기를 부여하다

I am eager to bring my expertise in **digital marketing and project management to the Marketing Manager role at Hope Electronics, a company that** aligns with my passion for innovation and consumer-focused solutions.

저는 디지털 마케팅 및 프로젝트 관리에 대한 저의 전문성을 혁신과 소비자 중심 솔루션에 대한 저의 열정과 일치하는 호프 일렉트로닉스의 마케팅 관리자 직책에 적용하고 싶습니다.

어휘 **innovation** 혁신 **consumer-focused** 소비자 중심인

본론-이전 직장 경험, 업무 툴, 강점

In my previous role at Nest Corp, I developed and implemented a comprehensive content strategy that increased website traffic by 30% within six months.

이전 직장이었던 네스트사에서는 6개월 만에 웹사이트 트래픽을 30% 증가시킨 종합적인 콘텐츠 전략을 개발하고 구현했습니다.

어휘 previous 이전의 implement 구현하다, 시작하다 comprehensive 종합적인

My experience managing large-scale marketing projects has equipped me with the skills to oversee complex initiatives and drive them to successful completion.

대규모 마케팅 프로젝트를 관리한 경험을 통해 복잡한 기획을 감독하고 성공적으로 완수할 수 있는 기술을 갖추게 되었습니다.

어휘 large-scale 대규모의 oversee 감독하다 complex 복잡한 initiative 기획, 계획

My hands-on experience with CRM tools has enabled me to create personalized marketing journeys that improve customer retention and loyalty.

고객 관계 관리(CRM) 도구에 대한 실무 경험을 통해 고객 유지율과 충성도를 향상시키는 개인 맞춤형 마케팅 과정을 만들 수 있었습니다.

어휘 personalized 개인 맞춤형의 retention 유지, 보유 loyalty 충성도

I've implemented A/B testing across various campaigns, resulting in optimized messaging and a significant increase in campaign effectiveness.

다양한 캠페인에 걸쳐 A/B 테스트를 실시하여 최적화된 메시지와 캠페인 효과를 크게 향상시켰습니다.

어휘 optimized 최적화된 effectiveness 효과

My ability to translate complex data into actionable insights has been key to improving the performance of our marketing strategies.

복잡한 데이터를 실행 가능한 인사이트로 전환하는 저의 능력은 마케팅 전략의 성과를 개선하는 데 핵심적인 역할을 했습니다.

어휘 translate 전환하다, 번역하다 actionable 실행 가능한

마무리-지원 동기, 입사 후 포부, 연락처 기재

I am enthusiastic about the opportunity to bring **my marketing expertise to Zenith Electronics, and** I am confident that **my experience will contribute to the continued success of your team.** Thank you for considering my application.

저는 제 마케팅 전문 지식을 제니스 일렉트로닉스에 제공할 수 있는 기회를 갖게 되어 매우 기쁘고, 제 경험이 귀사 팀의 지속적인 성공에 기여할 수 있을 것이라 확신합니다. 저의 지원을 검토해 주셔서 감사합니다.

어휘 **expertise** 전문 지식 **consider** 검토하다, 고려하다

I am excited about the prospect of working with **Swift Electronics to drive impactful marketing strategies, and** I am grateful for your time and consideration of my application.

저는 스위프트 일렉트로닉스와 협력하여 영향력 있는 마케팅 전략을 추진할 수 있다는 전망에 기대가 크며, 제 지원서를 검토해 주신 귀사에 감사드립니다.

어휘 **prospect** 전망 **impactful** 영향력 있는 **grateful** 감사하는, 고마워하는

I am confident that my experience in **marketing** will be an asset to **Summit Electronics, and** I am eager to explore **how I can contribute to your team's success.** Thank you for **your consideration.**

마케팅 분야에서 쌓은 저의 경험이 써밋 일렉트로닉스의 자산이 될 것이라 확신하며, 귀사의 성공에 기여할 수 있는 방법을 모색해 보고 싶습니다. 배려해 주셔서 감사합니다.

어휘 **asset** 자산 **explore** 모색하다

I am excited about the possibility of contributing to **the dynamic team at JKC Electronics and** am thankful for your time in reviewing my application.

JKC 일렉트로닉스의 역동적인 팀에 기여할 수 있는 가능성에 대해 기대가 크며, 제 지원서를 검토해 주신 시간을 내어 주셔서 감사드립니다.

어휘 **dynamic** 역동적인 **be thank for** ~에 감사하다

나만의 커버레터 만들기

앞서 배운 내용을 활용하여 나만의 커버레터를 작성해 보세요.

Dear Hiring Manager,

직무별 자격 요건 소개

커버레터에서는 직무에서 요구하는 자격 요건과 관련된 본인의 강점을 강조해서 작성합니다. 타부서와 협업하는 업무가 많은 마케팅, 무역, 영업, 판매, 관련 직무에 지원하면 협동력이나 커뮤니케이션 능력을 강조하고, 인사 직무 혹은 관리자 직책에 지원하는 경우 책임감이나 관리 능력을, 기획, 마케팅 직무에 지원하는 경우 분석 능력을 돋보이도록 작성합니다.

도입부

Dear [Hiring Manager's Name],

I am writing to apply for the [Job Title] position at [Company Name]. With an extensive background in [Your Industry or Field] and well-rounded skills, I always strive for efficiency and accuracy in my work and am dedicated to producing results of the highest quality.

[채용 담당자 이름] 님께,

저는 [회사명]의 [직책] 직책에 지원하고자 이 편지를 씁니다. 귀사의 [산업 또는 분야]에 대한 폭넓은 배경 지식과 다재다능한 기술을 갖춘 저는 항상 업무의 효율성과 정확성을 위해 노력하며 최고 품질의 결과물을 만들기 위해 최선을 다하고 있습니다.

어휘 **apply for** ~에 지원하다 **position** 직책, 자리 **extensive** 대규모의 **strive for** ~을 위해 노력하다 **efficiency** 효율성
accuracy 정확성

마무리

I am especially interested in joining [Company Name] because of your commitment to [Value or Practice Related to Responsibility at the Company]. I would love to offer my unique perspectives and positive mindset to your team and contribute to your company's mission and growth.

Thank you for your consideration, and I look forward to discussing how my skills and expertise can benefit [Company Name]. Please feel free to contact me at [Your Phone Number] or [Your Email Address] at your earliest convenience.

Best Regards,

[Your Name]

저는 특히 [회사명]에 입사하고 싶은 이유는 [회사에서 책임과 관련된 가치 또는 관행]에 대한 귀사의 헌신 때문입니다. 귀사의 팀에 저의 독특한 관점과 긍정적인 사고방식을 제공하고 귀사의 미션과 성장에 기여하고 싶습니다.

고려해 주셔서 감사드리며, 저의 기술과 전문성이 [회사명]에 어떻게 도움이 될 수 있을지 논의할 수 있기를 기대합니다. 최대한 빠른 시일 내에 [전화번호] 또는 [이메일 주소]로 연락 주시기 바랍니다.

감사합니다,
[이름]

어휘　commitment 헌신, 노력　mindset 사고방식　expertise 전문성　benefit 도움이 되다

본론

협동력

With a strong project management background in tech, I am confident in my ability to contribute effectively to your team.
At Innovatech, I was recognized for leading cross-functional teams, fostering open communication, and ensuring collaborative success. For example, while managing a CRM development project, I facilitated regular meetings that encouraged input from all departments, resulting in a 20% efficiency increase and a boost in team morale. My cooperative approach helped us deliver the project two weeks ahead of schedule, demonstrating my commitment to creating a positive and productive team environment.

기술 분야에서 탄탄한 프로젝트 관리 경력을 쌓은 저는 팀에 효과적으로 기여할 수 있다고 확신합니다.
이노베이테크에서 저는 여러 부서로 구성된 팀을 이끌고, 열린 의사소통을 촉진하며, 협업의 성공을 보장한 공로를 인정받았습니다. 예를 들어, 고객 관계 관리(CRM) 개발 프로젝트를 관리하면서 모든 부서의 의견을 수렴하는 정기적인 회의를 진행하여 효율성이 20% 향상되고 팀 사기가 높아지는 결과를 가져왔습니다. 저의 협조적인 접근 방식 덕분에 프로젝트를 예정보다 2주 앞당겨 완료할 수 있었으며, 긍정적이고 생산적인 팀 환경을 조성하기 위한 저의 노력을 보여줬습니다.

어휘　be recognized for ~를 인정받다　foster 촉진하다, 조성하다　facilitate 진행하다, 가능하게 하다　input 의견, 조언
　　　　ahead of schedule 예정보다 앞당긴　demonstrate 보여주다

커뮤니케이션

With a strong background in digital marketing, I have developed my communication skills, which I believe are essential for fostering collaboration, ensuring clarity, and driving projects to success.

In my previous role as Senior Marketing Coordinator at TechSphere Solutions, I led several initiatives that required clear, effective communication across multiple teams. For example, while managing the launch of a new product line, I coordinated regular updates and facilitated discussions that kept all stakeholders informed and engaged. My ability to convey complex ideas simply and listen actively resulted in a 15% increase in on-time deliverables and enhanced team collaboration.

디지털 마케팅에 대한 탄탄한 경험을 바탕으로 저는 협업을 촉진하고 명확성을 보장하며 프로젝트를 성공으로 이끄는 데 필수적인 커뮤니케이션 기술을 다졌습니다.
이전에는 테크스피어 솔루션즈에서 선임 마케팅 코디네이터로 일하면서 여러 팀 간에 명확하고 효과적인 커뮤니케이션이 필요한 여러 기획을 이끌었습니다. 예를 들어, 새로운 제품 라인의 출시를 관리하면서 정기적인 업데이트를 조율하고 모든 이해관계자에게 정보를 제공하고 참여를 유도하는 토론을 진행했습니다. 복잡한 아이디어를 간결하게 전달하고 적극적으로 경청하는 저의 능력 덕분에 기한 내 결과물이 15% 증가했고 팀 협업이 향상되었습니다.

어휘 essential 필수적인 clarity 명확성 initiative 기획, 계획 convey 전달하다 deliverable 상품, 제품

책임감

With a strong background in operations management, I have developed a deep sense of responsibility that has consistently driven me to ensure that tasks are completed efficiently, accurately, and with the highest standards of quality.

In my previous role as Operations Coordinator at Efficient Logistics, I was entrusted with managing critical aspects of our supply chain operations. I took full responsibility for overseeing inventory management, coordinating shipments, and ensuring that all processes were compliant with industry regulations. My commitment to these responsibilities resulted in a 15% reduction in inventory discrepancies and a 20% improvement in on-time delivery rates.

I believe that being responsible means not only taking ownership of my tasks but also being accountable for the outcomes. This mindset has allowed me to build trust with my colleagues and supervisors, as they know I can be relied upon to meet deadlines, handle challenges, and maintain the integrity of our operations.

운영 관리에 대한 탄탄한 배경 지식을 바탕으로 저는 효율적이고 정확하며 최고 수준의 품질로 작업을 완료할 수 있도록 일관되게 깊은 책임감을 키워왔습니다.

이전에는 이피션트 로지스틱스에서 운영 코디네이터로 근무하면서 공급망 운영의 중요한 측면을 관리하는 업무를 맡았습니다. 저는 재고 관리를 감독하고 배송을 조정하며 모든 프로세스가 업계 규정을 준수하는지 확인하는 일을 전적으로 책임졌습니다. 이러한 책임에 전념한 결과 재고 불일치가 15% 감소하고 정시 배송률이 20% 향상되었습니다.

저는 책임감을 갖는다는 것은 업무에 대한 주인의식을 갖는 것뿐만 아니라 결과에 대해서도 책임을 진다는 것을 의미한다고 생각합니다. 이러한 사고방식 덕분에 동료 및 상사들은 제가 마감일을 지키고, 문제를 처리하고, 운영의 청렴함을 유지하는 데 있어 믿을 수 있다는 것을 알기 때문에 신뢰를 쌓을 수 있었습니다.

어휘 operation 운영 sense of responsibility 책임감 be entrusted with ~을 맡은 aspect 측면 supply chain 공급망
compliant with ~을 준수하다 reduction 감소 build trust 신뢰를 쌓다 integrity 청렴함

관리 능력

With extensive experience in operations management **within the tech industry,** I am confident in my ability to drive your team's success and achieve company goals. **In my previous role as Operations Manager at Innovatech Systems,** I managed a team of 25 professionals, leading efforts to streamline supply chain processes. My hands-on management style and focus on team development led to **a 30% increase in productivity and a 15% improvement in employee satisfaction.** I have a proven track record of setting clear goals, delegating effectively, and identifying process improvements, resulting in **a 20% reduction in operational costs and more efficient project delivery timelines.**

기술 업계에서 운영 관리 분야에서 폭넓은 경험을 쌓은 저는 팀의 성공을 이끌고 회사 목표를 달성할 수 있는 능력을 갖추고 있다고 확신합니다.
이전에는 이노베이테크 시스템즈에서 운영 관리자로 근무하면서 25명의 전문가로 구성된 팀을 관리하며 공급망 프로세스를 간소화하기 위한 노력을 선도했습니다. 실무적인 관리 스타일과 팀 개발에 중점을 둔 덕분에 생산성이 30% 향상되고 직원 만족도가 15% 향상되었습니다. 명확한 목표 설정, 효과적인 위임, 프로세스 개선 사항 파악을 통해 운영 비용을 20% 절감하고 프로젝트 납품 일정을 더욱 효율적으로 단축한 검증된 실적을 보유하고 있습니다.

어휘 extensive 폭넓은 streamline 간소화하다 hands-on 실무적인 productivity 생산성 satisfaction 만족도, 만족
proven track 검증된 실적 delegate 위임하다 operational cost 운영 비용

분석 능력

With a strong background in data analysis and business intelligence, I have developed robust analytical skills that I believe will contribute significantly to the success of your team.

In my previous role as Data Analyst at Tech Innovators, I was responsible for conducting in-depth data analysis to drive business decisions. For instance, while working on a customer segmentation project, I analyzed large datasets to identify trends and insights that led to a 15% increase in targeted marketing efficiency. My ability to translate complex data into actionable strategies resulted in a 10% boost in customer retention and a 20% increase in campaign ROI.

데이터 분석과 비즈니스 인텔리전스에 대한 탄탄한 경험을 바탕으로 팀의 성공에 크게 기여할 수 있는 우수한 분석 기술을 개발해 왔습니다.

이전에는 테크 이노베이터스에서 데이터 분석가로 일하면서 비즈니스 의사 결정을 내리기 위한 심층적인 데이터 분석을 담당했습니다. 예를 들어, 고객 세분화 프로젝트를 진행하면서 대규모 데이터 세트를 분석하여 트렌드와 인사이트를 파악하여 타겟 마케팅 효율을 15% 향상시켰습니다. 복잡한 데이터를 실행 가능한 전략으로 전환하는 저의 능력 덕분에 고객 유지율이 10% 향상되고 캠페인 투자수익률(ROI)이 20% 증가했습니다.

어휘   **data analysis** 데이터 분석   **robust** 탄탄한, 강력한   **be responsible for** ~을 담당하다, ~에 책임이 있다

     segmentation 세분화, 분할   **translate** 전환하다, 번역하다   **retention** 유지, 보유

나만의 커버레터 만들기

앞서 배운 내용을 활용하여 나만의 커버레터를 작성해 보세요.

Dear Hiring Manager,

시원스쿨 LAB